U0591913

地势坤，君子以厚德载物。

史记

（三）书

[西汉] 司马迁 著

俞樟华 译

北京联合出版公司
Beijing United Publishing Co.,Ltd.

目录

礼书

太史公说：盛大的美德啊！它能主宰万物，役使众生，这哪里是人力所能做到的呢？我到大行礼官那里，观察夏、商、周三代礼制的兴革，才知道顺应人情而制定礼典，依据人性而制定仪范，这种做法是由来已久的了。

做人的道理纵横交织，头绪万千，但规矩始终贯穿其中，用仁义来劝导人上进，用刑罚来束缚人，所以德行深厚的人地位尊贵，俸禄多的人得到宠幸和荣耀，这就可以统一海内，治理万民了。人的身体安于乘坐车马，就以金饰车，车辕横木配以金银错来增繁它的装饰；眼睛喜欢看五彩颜色，就在礼服上绣出色彩绚丽的花纹来表现它的形态；耳朵乐于听钟磬之声，就调谐各种乐器来涤荡人心；口喜欢品尝各种味道，就烹调出各种佐料来使味道更加鲜美；人的情性是喜欢珍奇美善的事物，就把美玉雕琢磨制成圭璧来顺应人的心意。所以天子乘用的礼车中的席子是蒲草编的；天子视朝，戴鹿皮制的帽子，同时

太史公曰：洋洋美德乎！宰制万物，役使群众，岂人力也哉？余至大行礼官，观三代损益，乃知缘人情而制礼，依人性而作仪，其所由来尚矣。

人道经纬万端，规矩无所不贯，诱进以仁义，束缚以刑罚。故德厚者位尊，禄重者宠荣，所以总一海内而整齐万民也。人体安驾乘，为之金舆错衡以繁其饰；目好五色，为之黼黻文章以表其能；耳乐钟磬，为之调谐八音以荡其心；口甘五味，为之庶羞酸咸以致其美；情好珍善，为之琢磨圭璧以通其意。故大路越席，皮弁布裳，朱弦洞越，大羹玄酒，所以防其淫侈，救其雕敝。是以君臣朝廷尊卑贵贱之序，下及黎庶车舆衣服宫室饮食嫁娶丧祭之

分，事有宜适，物有节文。仲尼曰："禘自既灌而往者，吾不欲观之矣。"

周衰，礼废乐坏，大小相逾。管仲之家，兼备三归。循法守正者见侮于世，奢溢僭差者谓之显荣。自子夏，门人之高弟也，犹云"出见纷华盛丽而说，入闻夫子之道而乐，二者心战，未能自决"，而况中庸以下，渐渍于失教，被服于成俗乎？孔子曰"必也正名"，于卫所居不合。仲尼没后，受业之徒沉湮而不举，或适齐、楚，或入河、海，岂不痛哉！

至秦有天下，悉内六国礼仪，采择其善，虽不合圣制，其尊君抑臣，朝廷济济，依古以来。至于高祖，光有四海，

穿白布做的下裳，用红色熟丝制作的琴弦，在瑟底贯通小孔，喝不加五味的肉汁和当酒用的水，这都是为了防止他们过度奢靡，避免他们的衰败。因此上至君臣朝廷中的尊卑贵贱秩序，下至黎民百姓的车马、衣服、宫室、饮食、嫁娶、丧祭的等级划分，事都有适宜的尺度，物都有节制性的文饰。仲尼说："从禘祭举行到献酒以后，我不想再看它了。"

周朝衰落后，礼制废弃，乐制崩坏，大小等级相互逾越。管仲家中，娶三姓女子为妻。世上遵循法度坚守正道的人却被欺侮，奢侈僭越制度的人却身份尊贵，享尽荣华。像子夏这样的孔门高足，尚且说"出门看到繁盛华美的事物而心生愉悦，入门听到夫子传授的道理而感到快乐，二者常在心中斗争，难以取舍"，更何况中等才智以下，浸润在失去教化的环境中，受固有习俗影响的人呢？孔子说"一定要端正名分"，是因为他在卫国觉得很多事不合礼法。仲尼死后，受业的弟子被埋没而得不到任用，有的到了齐国、楚国，有的到了黄河、沿海一带，岂不是令人痛心吗？

到秦国占有天下，秦国收罗全部六国礼仪，然后选用其中较好的。这虽不合乎圣贤的制度，但它能尊君权、抑臣权，使朝廷礼仪庄严齐整，还是依照了自古以来

的典法。到了汉高祖时，广有天下，叔孙通对礼制略微进行增加和删减，大体承袭了秦朝旧制。上自天子的称号，下至佐僚及宫室、官名，很少有所变更。孝文帝即位，主管官员商议想制定仪礼，孝文帝喜好道家的学说，认为烦琐的礼节只能粉饰外表，无益于治政，应想着如何以自己的德行去感化百姓，所以没有采纳他们的建议。孝景帝时，御史大夫晁错知晓当世要务和刑律，多次拜见并劝谏孝景帝说："诸侯是国家辅臣，同样也是臣子，这是从古至今的制度。如今大的诸侯国独掌大权，各自为政，不来京师报告，恐怕不能让这样的诸侯将封国留给后代。"孝景帝采用他的计策，招致了六国的叛乱，六国指名说晁错是罪魁祸首，天子诛杀晁错，想以此来解救当时的危难。这些事记载在《袁盎列传》中。从这以后，做官的人只是拉拢关系以成朋党，安享俸禄而已，没有人敢再提倡议论此事。

当今皇上即位，招纳儒学之士，命他们共同制定礼仪，十几年不能成功。有人说古时天下太平，万民和乐欢喜，祥瑞不断出现，于是采择风俗，制定礼仪制度。皇上听说这件事后，下诏给御史说："凡受天命为王，各有其兴盛的缘由，虽然选取的途径不同，但达到的目的相同，即顺应民心而作为，随着民俗确定制度。商议

叔孙通颇有所增益减损，大抵皆袭秦故。自天子称号下至佐僚及宫室官名，少所变改。孝文即位，有司议欲定仪礼，孝文好道家之学，以为繁礼饰貌，无益于治，躬化谓何耳，故罢去之。孝景时，御史大夫晁错明于世务刑名，数干谏孝景曰："诸侯藩辅，臣子一例，古今之制也。今大国专治异政，不禀京师，恐不可传后。"孝景用其计，而六国畔逆，以错首名，天子诛错以解难。事在袁盎语中。是后官者养交安禄而已，莫敢复议。

今上即位，招致儒术之士，令共定仪，十余年不就。或言古者太平，万民和喜，瑞应辨至，乃采风俗，定制作。上闻之，制诏御史曰："盖受命而王，各有所由兴，殊路而同归，谓因民而作，追俗为制也。议者咸称太古，百姓何望？汉亦一

家之事，典法不传，谓子孙何？化隆者闳博，治浅者褊狭，可不勉与！"乃以太初之元改正朔，易服色，封太山，定宗庙百官之仪，以为典常，垂之于后云。

礼由人起。人生有欲，欲而不得则不能无忿，忿而无度量则争，争则乱。先王恶其乱，故制礼义以养人之欲，给人之求，使欲不穷于物，物不屈于欲，二者相待而长，是礼之所起也。故礼者养也。稻粱五味，所以养口也；椒兰芬苾，所以养鼻也；钟鼓管弦，所以养耳也；刻镂文章，所以养目也；疏房床笫几席，所以养体也：故礼者养也。

君子既得其养，又好其辨也。所谓辨者，贵贱有等，长少有差，贫富轻重皆有称也。故天子大路越席，所以养体也；侧载臭苾，所以养鼻也；前有错衡，所以养目也；和鸾之声，步中《武》《象》，骤中《韶》《濩》，所以养耳也；龙旂九斿，所以养信也；寝兕

的人都称道上古的礼制，百姓还有什么指望？汉朝也是一朝的事业，典法不能流传，如何向子孙交代呢？治道隆盛的礼制博大宏深，治道浅显的礼制肤浅狭隘，怎么能不努力呢！"于是在太初元年改定历法，变易服色，封祭泰山，制定宗庙、百官的礼仪，将其作为常法，传于后世。

礼是由人产生的。人生下来就有欲望，欲望不能得到满足就会有怨恨，怨恨没有限度就会发生争斗，争斗会产生祸乱。先王厌恶祸乱，所以制定礼仪来调节人的欲望，供给人的需求，使欲望不陷于物质层面，使物质不屈抑人的欲望，二者相互依靠而发展，这是礼产生的原因。所以礼是养的意思。稻粱五味，是养人之口的；椒兰香苾，是养人之鼻的；钟鼓管弦，是养人之耳的；雕刻纹采，是养人之目的；宽敞的房间、床笫、几案、席座，是养人的身体的：所以礼是养的意思。

君子得到"礼"的培养之后，还会喜欢"辨"。所谓辨，就是使贵贱有等级，使长少有差别，贫富轻重都有相应的标准。所以天子乘用的礼车中的席是蒲草编的，用来养身体；车侧放着香草，用来养鼻；车前有以金涂饰成纹采的横轭，用来养目；车上和鸾铃铛的声音，缓行时合乎《武》《象》，疾行时合乎《韶》《濩》，用来养耳；龙旗和九旒，用来培养诚信；

以独角犀牛皮为席，用虎皮蒙施车旁的栏杆和车前的横木，以鲛鱼皮蒙马腹，雕龙文饰车轭，以此来显示威严。所以驾天子之车的马匹，必须调教至驯顺，然后才使用它，以此保证身体的安全。谁能知道士人出生入死邀立名节正是为了养护生命？谁能知道轻财好施正是为了积攒钱财？谁能知道恭敬辞让正是为了养体安身？谁能知道知书达理、温文尔雅正是为了修养性情？

人以苟且偷生为目的，就必死无疑；以苟且图利为目的，就必会有害；以懈怠懒惰为安逸，就必有危险；以争强好胜为性情，就必会灭亡。所以圣人一概处之以礼义，这样就能两者兼得了；一概处之以任情尽性，二者就都失去了。所以儒家学说可以使人二者兼得，墨家学说可以使人二者都失去。这是儒墨两家的分别。

礼，是治世辨惑的最高标准，是强国固家的根本，是威势推行的基本方法，是功名的总括。王公贵族遵循礼义，就能统一天下，使诸侯臣服；不遵循礼义，就会丢弃社稷丢掉国家。所以使甲胄坚固、兵器锋利不足以取胜，使城墙高大、护城河宽深不足以作为屏障，使法令严酷繁密不足以增加威严。遵循礼义，治道就可以推行；不遵循礼义，治道就会废弃。楚国人用鲛鱼的革和犀牛、皮来做铠甲，坚硬如

持虎，鲛韅弥龙，所以养威也。故大路之马，必信至教顺，然后乘之，所以养安也。孰知夫出死要节之所以养生也？孰知夫轻费用之所以养财也？孰知夫恭敬辞让之所以养安也？孰知夫礼义文理之所以养情也？

人苟生之为见，若者必死；苟利之为见，若者必害；怠惰之为安，若者必危；情胜之为安，若者必灭。故圣人一之于礼义，则两得之矣；一之于情性，则两失之矣。故儒者将使人两得之者也，墨者将使人两失之者也：是儒墨之分。

治辨之极也，强固之本也，威行之道也，功名之总也。王公由之，所以一天下、臣诸侯也；弗由之，所以捐社稷也。故坚革利兵不足以为胜，高城深池不足以为固，严令繁刑不足以为威。由其道则行，不由其道则废。楚人鲛革犀兕所以为甲，坚如金石；宛之钜铁施，钻如蜂虿；轻利剽遬，卒如飘

风。然而兵殆于垂涉，唐昧死焉；庄蹻起，楚分而为四参。是岂无坚革利兵哉？其所以统之者非其道故也。汝、颍以为险，江、汉以为池，阻之以邓林，缘之以方城，然而秦师至，鄢、郢举，若振槁。是岂无固塞险阻哉？其所以统之者非其道故也。纣剖比干，囚箕子，为炮烙，刑杀无辜，时臣下懔然，莫必其命。然而周师至，而令不行乎下，不能用其民。是岂令不严，刑不陵哉？其所以统之者非其道故也。

古者之兵，戈矛弓矢而已，然而敌国不待试而诎。城郭不集，沟池不掘，固塞不树，机变不张，然而国晏然不畏外而固者，无他故焉，明道而均分之，时使而诚爱之，则下应之如景响。有不由命者，然后俟之以刑，则民知罪矣。故刑一人而天下服。罪人不尤其上，知罪之在

同金石；用宛地的钢铁做的矛，矛头刺击时锋利得如同蜂虿之尾，轻捷快速，如同疾风。然而却兵败于垂涉，唐昧战死；庄蹻起兵，楚国一分为四。这难道是没有坚硬的铠甲和锋利的武器的缘故吗？它之所以如此，是统治的方法不是礼义之道的缘故啊。楚国以汝水、颍水为险阻，以泯江、汉水为护城河，以邓林与中原相阻隔，以方城山相环绕。然而秦军到达鄢、郢，势如振动枯木。这难道是没有要塞险阻的缘故吗？它之所以如此，是统治的方法不是礼义之道的缘故啊。纣王剖比干之心，囚禁箕子，设炮烙之刑，残杀无辜，当时臣民懔然畏惧，没有人确定自己能保住性命。而周朝的军队一到，纣王的命令到下面就没人执行，纣王也无法使用他的百姓。这难道是法令不严苛、刑罚不严酷吗？它之所以如此，是因为统治的方法不是礼义之道啊。

古时的兵器，不过是戈、矛、弓、箭，然而不待使用这些，敌国就屈服了。不用在城上聚集百姓，不用挖掘沟池，不用设立坚固要塞，不用计策谋略，国家却坚固而安然不畏外敌，这没有其他原因，只是明晓大道、礼义均等，顺应时节地使用民力并真心爱护民众，那么民众就会听从命令，如影随形。有不服从命令的，就以刑罚处治他，那么民众也就知罪了。所以处

罚一人而使天下人都服从。犯罪的人不怨恨他的上级，知道自己是罪有应得。因此刑罚简省而威令推行如流水，没有其他原因，只是遵循了礼义之道。所以遵循礼义之道就能推行，不遵循礼义之道就会被废弃。古代帝尧治理天下，只杀了一人，将两人处刑就能使天下安治。典籍中说"威严虽猛而不试，刑罚设置而不用"。

天地，是生命的本原；先祖，是宗族的本原；君主和老师，是天下安治的本原。没有天地怎会有生命？没有先祖怎会有后代出生？没有君主和老师怎会天下大治？三者缺一，人民就不会安宁。所以礼，在上为天做事，在下为地做事，尊重先祖而重视礼遇君主和老师，这是礼的三个根本。

所以帝王推以太祖配享上天，诸侯不敢想这件事，大夫和士人都有所传之宗，以此来区别贵贱。尊卑有别，就体现礼的根本了。郊祭属于天子，社祭归于诸侯，包含或延及士大夫。以此来区分出尊贵者从事尊贵之事，卑贱者从事卑贱之事，应大则大，应小则小。所以拥有天下的天子供奉七世宗庙，享有一个国的诸侯供奉五世宗庙，享有五乘爵禄的人供奉三世宗庙，享有三乘爵禄的人供奉二世宗庙，祭礼只用一种牲畜的平民不能建立宗庙，以此来表现积德深厚的人恩泽流传广远，积德浅薄的人恩泽流传狭小。

己也。是故刑罚省而威行如流，无他故焉，由其道故也。故由其道则行，不由其道则废。古者帝尧之治天下也，盖杀一人刑二人而天下治。传曰"威厉而不试，刑措而不用"。

天地者，生之本也；先祖者，类之本也；君师者，治之本也。无天地恶生？无先祖恶出？无君师恶治？三者偏亡，则无安人。故礼，上事天，下事地，尊先祖而隆君师，是礼之三本也。

故王者天太祖，诸侯不敢怀，大夫士有常宗，所以辨贵贱。贵贱治，得之本也。郊畴乎天子，社至乎诸侯，函及士大夫。所以辨尊者事尊，卑者事卑，宜巨者巨，宜小者小。故有天下者事七世，有一国者事五世，有五乘之地者事三世，有三乘之地者事二世，有特牲而食者不得立宗庙，所以辨积厚者流泽广，积薄者流泽狭也。

大飨上玄尊，俎上腥鱼，先大羹，贵食饮之本也。大飨上玄尊而用薄酒，食先黍稷而饭稻粱，祭哜先大羹而饱庶羞，贵本而亲用也。贵本之谓文，亲用之谓理，两者合而成文，以归太一，是谓大隆。故尊之上玄尊也，俎之上腥鱼也，豆之上大羹，一也。利爵弗啐也，成事俎弗尝也，三侑之弗食也。大昏之未废齐也，大庙之未内尸也，始绝之未小敛，一也。大路之素帱也，郊之麻绖，丧服之先散麻，一也。三年哭之不反也，《清庙》之歌一倡而三叹，县一钟尚拊膈，朱弦而通越，一也。

凡礼始乎脱，成乎文，终乎税。故至备，情文俱尽；其次，情文代胜；其下，复情以归太一。天地以合，日月以明，四

祫祭先王时酒樽中要盛满当酒用的清水，以腥鱼为俎实，先供奉不加五味的肉汁，重视饮食原本的样子。祫祭先王时酒樽中应当盛满当酒用的清水，但使用的却是薄酒，吃的东西先是黍稷，然后是精细的白米细粮，祭礼时举食器至齿，先尝不加五味的肉汁，再饱尝各种美味，既重视本原又重视实用。重视本原称之为仪文，重视实用称之为情理，两者相合形成礼仪制度，归于天地本原，这就是礼最隆盛的阶段。所以酒樽中盛满当酒用的清水，俎上供奉腥鱼，先进献礼器中不加五味的肉汁，其中道理是一样的。祭祀礼成之前祭品不得啐入口中，祭祀告成之后俎上的祭品不得品尝，三次劝尸用饭之后不再劝食。大婚中斋戒之前，祭祀时迎尸入太庙以前，人从开始绝气到小殓之时，都体现了礼的初始，其本原如一。天子乘车用素色帷盖，郊祀时要戴麻布帽子，丧服时最先散垂麻带，三者一致。守丧三年，恸哭失声而没有回环曲折的声调，《清庙》这首祭歌，一人唱，三人和，悬挂一钟，只击钟架，大瑟用红色丝弦，使音质清越，却在瑟底穿孔，使声音重浊，道理也一致。

礼在最初都是简略疏脱的，成形之后就有了文饰，最终使人心情和悦。所以完备至极的礼，内容与形式都是尽善尽美的；其次人情与仪式更代相胜；最下寻求

"情"回归于混沌天地之初。完备的礼能使天地和谐，日月光明，四时有序，星辰运行，江河流动，万物昌盛，好恶有所节制，喜怒得当。遵循礼制会使在下位者顺从，在上位者明察。

太史公说：完美极了！树立隆盛的礼制作为行为的最高准则，天下没有人能对它有所增减。它情文相符，首尾呼应，礼仪极有文饰，可以分辨尊卑贵贱，极为分明就能取悦人心。天下遵从它就能得到治理，不遵从它就生祸乱；遵从它就能安定，不遵从就会危险。庶人是不能效法礼制的。

礼的全貌实在是深奥啊，虽有"坚白同异"的明察，但纳入礼义之中讨论，也变得衰败了。礼的全貌实在是博大啊，那些擅自制作的典章制度及狭隘浅陋之说，纳入礼义之中就会成为褊陋之言。礼的全貌实在是高尚啊，那些粗暴、傲慢、放纵、浅露、轻俗自高之徒，纳入礼义之中就会成轻俗之人。所以说如果绳墨确已陈列，就不能以曲直相欺；如果秤确已悬挂，就不能以轻重相欺；如果圆规和角尺确已置办，就不能以方圆相欺；君子识礼，就不能以狡诈虚伪相欺。因此，绳墨是直的最高标准，秤是公平的最高标准，圆规和角尺是方圆的最高标准，礼制是人的行为的最高标准。然而不遵从礼制的人不值得以

时以序，星辰以行，江河以流，万物以昌，好恶以节，喜怒以当。以为下则顺，以为上则明。

太史公曰：至矣哉！立隆以为极，而天下莫之能益损也。本末相顺，终始相应，至文有以辨，至察有以说。天下从之者治，不从者乱；从之者安，不从者危。小人不能则也。

礼之貌诚深矣，坚白同异之察，入焉而弱；其貌诚大矣，擅作典制褊陋之说，入焉而望；其貌诚高矣，暴慢恣睢，轻俗以为高之属，入焉而队。故绳诚陈，则不可欺以曲直；衡诚县，则不可欺以轻重；规矩诚错，则不可欺以方员；君子审礼，则不可欺以诈伪。故绳者，直之至也；衡者，平之至也；规矩者，方员之至也；礼者，人道之极也。然而不法礼者不足礼，谓之无方之民；法礼足礼，谓之有方之士。礼之中，能思索，谓之能虑；能

虑勿易，谓之能固。能虑能固，加好之焉，圣矣。天者，高之极也；地者，下之极也；日月者，明之极也；无穷者，广大之极也；圣人者，道之极也。

以财物为用，以贵贱为文，以多少为异，以隆杀为要。文貌繁，情欲省，礼之隆也；文貌省，情欲繁，礼之杀也；文貌情欲相为内外表里，并行而杂，礼之中流也。君子上致其隆，下尽其杀，而中处其中。步骤驰骋广骛不外，是以君子之性守宫庭也。人域是域，士君子也。外是，民也。于是中焉，房皇周浃，曲得其次序，圣人也。故厚者，礼之积也；大者，礼之广也；高者，礼之隆也；明者，礼之尽也。

礼相待，这是无道之人；遵从礼制，重视礼制之人，这是有道之士。对于礼义的中庸之道，能够思考探求，叫作善于思考；善于思考而不轻易改变，叫作坚守。善于思考又能坚守礼义，还能由衷喜好，这样的人就是圣人了。天，是高的极点；地，是低的极点；日月，是光明的极点；无穷，是广大的极点；圣人，是礼义之道的极点。

礼，以财物为功用，以贵贱为文饰，以多少表示差异，以厚薄为要领。礼文仪节繁多，情感欲望减少，是礼义的隆盛；礼文仪节减少，情感欲望繁多，是礼义的淡薄；礼文仪节和情感欲望互为内外表里，相辅相成而混杂一起，是礼之中道。君子上则尽量表现礼的隆厚，向下则尽量简约，在中则得情文之中和。不论轻重缓急都不失于礼，因此君子的本性守正如常守宫廷。人能在礼义之内活动，就是士君子了。在礼义之外活动，就是无知百姓。在礼义的范畴内，徘徊周旋，曲直变化能顺应礼的次序，便是圣人。所以圣人道德深厚，是礼义的积累所致；恢宏博大，是守礼范围广的结果；品格高尚，是礼义的隆盛所致；明察事理，是事事尽礼的缘故。

乐书

太史公说：我每次读《虞书》，读到君臣相互告诫，由此天下勉强安宁，而股肱大臣不良，使万事败坏时，没有不流泪的。周成王作《颂》，推究自己的过失，悲叹文王以来周室的苦难，能说不是战战兢兢，善始善终吗？君子不因俭约才修行德业，不因富足就抛弃礼义，而是安逸时能忆起当初的劳苦，安定时能思考创始的不易，沐浴在恩惠之中而能歌咏勤苦，不是有大德的人有谁能够这样！典籍中说"治平安定，功业有成，礼乐才会兴起"。四海之内人的道德理念越深远，他们的道德修养越高，所追求的乐就越不相同。满而不损就会溢出，充盈而不扶持就会倾倒。大凡作乐的原因，就是节制欢乐。君子以谦逊退让为礼，以自损自减为乐，乐的作用就是如此啊。由于各州国地域不同，人情习俗不同，所以要博采风俗，协调声律，以此补充缺陷，转移风气，帮助推行政令教化。天子亲临明堂观赏，万民全都能洗涤荡除邪恶污秽，将情性之满斟酌减损，用

太史公曰：余每读《虞书》，至于君臣相敕，维是几安，而股肱不良，万事堕坏，未尝不流涕也。成王作《颂》，推己惩艾，悲彼家难，可不谓战战恐惧，善守善终哉？君子不为约则修德，满则弃礼，佚能思初，安能惟始，沐浴膏泽而歌咏勤苦，非大德谁能如斯！传曰"治定功成，礼乐乃兴"。海内人道益深，其德益至，所乐者益异。满而不损则溢，盈而不持则倾。凡作乐者，所以节乐。君子以谦退为礼，以损减为乐，乐其如此也。以为州异国殊，情习不同，故博采风俗，协比声律，以补短移化，助流政教。天子躬于明堂临观，而万民咸荡涤邪秽，斟酌饱满，以饰厥性。故云《雅》《颂》之音理而民正，嘄噭之声兴而

士奋，郑卫之曲动而心淫。及其调和谐合，鸟兽尽感，而况怀五常，含好恶，自然之势也！

治道亏缺而郑音兴起，封君世辟，名显邻州，争以相高。自仲尼不能与齐优遂容于鲁，虽退正乐以诱世，作五章以刺时，犹莫之化。陵迟以至六国，流沔沉佚，遂往不返，卒于丧身灭宗，并国于秦。

秦二世尤以为娱。丞相李斯进谏曰："放弃《诗》《书》，极意声色，祖伊所以惧也；轻积细过，恣心长夜，纣所以亡也。"赵高曰："五帝、三王乐各殊名，示不相袭。上自朝廷，下至人民，得以接欢喜，合殷勤，非此和说不通，解泽不流，亦各一世之化，度时之乐，何必华山之騄耳而后行远乎？"二世然之。

高祖过沛诗《三侯之章》，令小儿歌之。高祖崩，令沛得

来修饰自己的性情。所以说《雅》《颂》的音乐奏起则民风淳正，激昂高亢的声音发起则士气振奋，郑、卫的乐曲演奏则心生邪念。等到音乐与情性调谐和合，鸟兽尽受感染，何况怀五常之性，含好恶之心的人呢？这是自然的情势啊！

治国的方法有缺失而郑国的音乐兴起，分封和世袭的君主，显名望于邻国，都以郑音相争为高。仲尼不能与齐国的优伶并容于鲁国，虽然他退而厘正音乐来劝诱世人，作五章之歌来讥刺时事，但还是不能感化世人。衰落持续到战国时期，诸侯君王都流连沉湎于靡靡之音中，一去不复返，最终丧身灭族，国土被秦兼并。

秦二世更是以声色为娱乐。丞相李斯进谏说："放弃《诗》《书》，极力恣意于声色，这是祖伊忧惧的原因；轻视日积月累的细小过失，恣意于长夜的欢娱，这是纣王灭亡的原因。"赵高说："五帝、三王的音乐各有不同的名称，表明彼此不相沿袭。上到朝廷，下到人民，得以交往欢喜，情意融洽深厚，并非音乐上的和顺欢悦不能相通，布下的恩泽不能流散，每一世都有各自的教化，如果音乐合乎时俗，何必要有了华山的騄耳骏马，然后才远行呢？"秦二世认为赵高说得对。

汉高祖路过沛县时作了《三侯之章》的诗歌，命儿童歌唱它。高祖驾崩后，命

沛县人以四时歌舞祭祀宗庙。孝惠帝、孝文帝、孝景帝都没有增加和更改，只是在乐府中练习旧有的乐曲。

到当今圣上即位，作《郊祀歌》十九章，命侍中李延年调节它的声律，任他为协律都尉。只通晓一经的儒士不能单独了解歌词的含义，便会集中那些治《五经》的名家，让他们在一起相互讲习研读，才能通晓它的词义，大多是典雅的文字。

汉朝常常在正月上旬的辛日于甘泉宫祭祀太一神，从黄昏开始夜祭，到黎明时结束。时常有流星划过祭坛上空。让七十名童男童女一起歌唱。春天唱《青阳》，夏天唱《朱明》，秋天唱《西暤》，冬天唱《玄冥》。这些歌词世间多有流传，所以不再论述。

武帝曾从渥洼水中得到神马，于是编了《太一之歌》。歌词是："太一恩赐啊，天马降下；流着赤汗啊，吐赭色涎沫。纵横驰骋啊，超越万里；如今谁能匹配啊，与龙为友。"后来征伐大宛得到千里马，马名为蒲梢，编次作成诗歌。诗歌是："天马到来啊，从极远的西方；经过万里啊，归于有德。承神灵之威啊，降伏外国；涉过流沙啊，四夷臣服。"中尉汲黯进谏说："大凡王者作乐，上要承继祖宗功业，下要教化万民。如今陛下只是得到马，就写诗作歌，在宗庙中奏唱，先帝

以四时歌儛宗庙。孝惠、孝文、孝景无所增更，于乐府习常肆旧而已。

至今上即位，作十九章，令侍中李延年次序其声，拜为协律都尉。通一经之士不能独知其辞，皆集会五经家，相与共讲习读之，乃能通知其意，多尔雅之文。

汉家常以正月上辛祠太一甘泉，以昏时夜祠，到明而终。常有流星经于祠坛上。使僮男僮女七十人俱歌。春歌《青阳》，夏歌《朱明》，秋歌《西暤》，冬歌《玄冥》。世多有，故不论。

又尝得神马渥洼水中，复次以为《太一之歌》。歌曲曰："太一贡兮天马下，沾赤汗兮沫流赭。骋容与兮蹠万里，今安匹兮龙为友。"后伐大宛得千里马，马名蒲梢，次作以为歌。歌诗曰："天马来兮从西极，经万里兮归有德。承灵威兮降外国，涉流沙兮四夷服。"中尉汲黯进曰："凡王者作乐，上以承祖宗，下以化兆民。今陛下得马，诗以为歌，协于宗庙，

先帝百姓岂能知其音邪？"上默然不说。丞相公孙弘曰："黯诽谤圣制，当族。"

凡音之起，由人心生也。人心之动，物使之然也。感于物而动，故形于声；声相应，故生变；变成方，谓之音；比音而乐之，及干戚羽旄，谓之乐也。乐者，音之所由生也，其本在人心感于物也。是故其哀心感者，其声噍以杀；其乐心感者，其声啴以缓；其喜心感者，其声发以散；其怒心感者，其声粗以厉；其敬心感者，其声直以廉；其爱心感者，其声和以柔。六者非性也，感于物而后动，是故先王慎所以感之。故礼以导其志，乐以和其声，政以壹其行，刑以防其奸。礼乐刑政，其极一也，所以同民心而出治道也。

凡音者，生人心者也。情动于中，故形于声，声成文谓之音。是故治世之音安以乐，

和百姓难道能懂得这种音乐吗？"皇上默然不语，变得不高兴了。丞相公孙弘说："汲黯诽谤皇上的作品，罪当灭族。"

大凡音的兴起，都来源于人心。人心的变动是由物造成的。心有感于物而变动，所以通过声音表现出来；声音相互应和，所以发生变化；变化有规律，就叫作音；将各种声音演奏出来，再加上干、戚、羽、旄而舞蹈，就叫作乐。乐是由音产生的，它的根本在于人心有感于物。因此它被外物所感，哀痛的心情产生时，它的声音就急剧而短促；被外物所感心生欢乐时，它的声音就平和而舒缓；被外物所感心生喜悦时，它的声音就昂扬而轻散；被外物所感心生愤怒时，它的声音就粗犷而严厉；被外物所感心生敬意时，它的声音就正直而清亮；被外物所感心生爱意时，它的声音就柔和而动听。这六种情况不关人的性情，是有感于物之后而发生的变化，因此先王对外物的影响格外慎重。所以礼用来诱导人的意志，乐用来调和人的声音，政令用来统一人的行动，刑罚用来防止人的奸邪行为。礼、乐、刑、政，它们的终极目标是相同的，都是齐同民心而使天下出现大治之道。

大凡音，都是在人心中产生的。感情在心中冲动，所以用声音表现出来。各种声音交织成抑扬和谐的乐曲，就是音。因

此世道大治时的音充满安适与欢乐，它代表政治平和；乱世时的音充满怨恨与愤怒，它代表政治混乱；濒于灭亡的国家的音充满哀怨和愁思，它代表百姓困苦无望。声音的道理，是与政治相通的。宫音为君，商音为臣，角音为民，徵音为事，羽音为物。这五者不乱，就不会有杂乱不和的声音了。宫音乱就会流于散漫，代表国君骄纵废政；商音乱就会流于邪僻，代表臣下腐败；角音乱就会流于忧伤，代表百姓多有怨恨；徵音乱就会流于哀伤，代表徭役不休、民事辛苦；羽音乱就会流于倾危，代表财用匮乏。这五者都乱，互相凌越，叫作轻忽、怠慢。如果这样，没有多少日子国家就会灭亡了。郑国、卫国的音乐，是乱世之音，可以与轻忽、怠慢之音相比拟了。桑间濮上的音乐，是亡国之音，它代表政治散乱、百姓流亡、臣子欺罔国君、各行私情等情况将不可遏止。

凡是音，都是在人心中产生的；乐，是与伦理相通的。所以懂得声韵而不懂音调的，是禽兽；懂得音调而不懂乐曲的，是普通百姓。唯有君子才懂得乐曲。因此明白声韵才能懂得音调，明白音调才能懂得乐曲，明白乐曲才能懂得政治，那么治理天下的方法也就齐备了。所以不懂声韵的人不能与他谈论音调，不懂音调的人不能与他谈论乐曲。懂得乐曲就近于明礼了。

其正和；乱世之音怨以怒，其正乖；亡国之音哀以思，其民困。声音之道，与正通矣。宫为君，商为臣，角为民，徵为事，羽为物。五者不乱，则无怗懘之音矣。宫乱则荒，其君骄；商乱则搥，其臣坏；角乱则忧，其民怨；徵乱则哀，其事勤；羽乱则危，其财匮。五者皆乱，迭相陵，谓之慢。如此则国之灭亡无日矣。郑卫之音，乱世之音也，比于慢矣。桑间濮上之音，亡国之音也，其政散，其民流，诬上行私而不可止。

凡音者，生于人心者也；乐者，通于伦理者也。是故知声而不知音者，禽兽是也；知音而不知乐者，众庶是也。唯君子为能知乐。是故审声以知音，审音以知乐，审乐以知政，而治道备矣。是故不知声者不可与言音，不知音者不可与言乐。知乐则几于礼矣。礼乐皆得，谓之有德。德者，得也。是故乐之隆，非极音也；食飨之礼，非极味也。清庙之瑟，朱弦而疏越，一倡而三叹，有遗音者矣。大飨之礼，尚玄酒而俎腥鱼，大羹不和，有遗味者矣。是故先王之制礼乐也，非以极口腹耳目之欲也，将以教民平好恶而反人道之正也。

人生而静，天之性也；感于物而动，性之颂也。物至知知，然后好恶形焉。好恶无节于内，知诱于外，不能反己，天理灭矣。夫物之感人无穷，而人之好恶无节，则是物至而人化物也。人化物也者，灭天理而穷人欲者也。于是有悖逆诈伪之心，有淫佚作乱之事。是故强者胁弱，众者暴寡，知者诈愚，勇者苦怯，疾病不养，老幼孤寡不得其所，此大乱之道也。是故先王制礼乐，人为之节：衰麻哭泣，所以节丧纪也；钟鼓干戚，所以和安乐也；婚姻冠笄，所以别男女也；射乡食飨，所以正交接也。礼节民心，

礼和乐的精义都能得之于心，称为有德。有德就是能得礼乐之情的意思。所以大乐的隆盛，并非极尽钟鼓之音；宗庙祭享的大礼，并非极尽美味的丰盛。在清庙中所用的瑟，是红色丝弦而在瑟底穿孔，一人唱三人和，从而有先王遗留之音。袷祭先王的大礼，崇尚玄酒，以腥鱼为俎实，肉汁不加五味，有先王遗留之味。所以先王制定礼乐，不是为了极尽满足口腹耳目的欲望啊，而是要教导人民抑制好恶之情，从而返回到人道的正路上来。

人生来好静，这是自然的本性；感知外物以后而发生变动，这是本性的外部表现。外物到来后被心智感知，然后形成好恶之情。好恶之情不节制于内，就会被外物所感知而诱导于外，不能返回来要求自己，天理就泯灭了。那外物给人的感受无穷无尽，而人的好恶之情没有节制，那么外物到来时人就会被物所左右。人被物所左右，就是灭绝天理而穷尽人欲。于是就有狂悖、逆乱、欺诈、作假的想法，有荒淫、佚乐、作乱的事情。因此强者胁迫弱者，人多的欺凌人少的，聪明多智的人欺诈愚昧无知的人，勇猛的人欺负怯懦的人，患病的人得不到疗养，老人、幼儿、孤儿、寡妇得不到体恤，这是天下大乱的样子啊。所以先王制定礼乐，人为地加以节制：实行衰麻哭泣的礼仪制度，是为了节

制丧事；钟、鼓、盾、斧等乐制，是为了调和安乐的氛围；婚姻冠笄的制度，是为了区别男女；射礼、乡饮酒礼和飨食之礼，是为了端正人际交往关系。用礼节制民心，用乐调和民声，用政令来推行它，用刑罚来防范它。礼、乐、刑、政四者通达而不相悖乱，那么帝王之道也就完备了。

乐是为了和谐，礼是为了体现尊卑差异。和谐则使人相亲，区分差异则使人相敬。乐事太过则使人放纵，礼事太过则使人疏远。使人的情感和谐，整饬人的仪表，就是礼和乐要做的事。礼义建立，贵贱就有等级了；乐调文采协同，上下就会和睦了；好恶分明，贤能的人与不贤的人就有区分了；用刑罚禁止强暴，用爵赏举荐贤能，那么政治就会公平了。用仁心爱护人民，用义理纠正人民，这样治民之道就可以好好实行了。

乐由人的内心产生，礼从外部产生。乐由人的内心产生，所以显得平静；礼从人的外在行为中产生，所以华美。大乐必然简易，大礼必定简朴。乐达到极点那人民就没有怨恨，礼到达极点那人民就没有争斗。所谓用谦让治理天下，就是用礼乐治天下。强暴之民不起来作乱，诸侯恭顺服从，兵革不再动用，刑罚不再施行，百姓没有忧患，天子没有怨怒，这样乐就达到极点了。调和父子之间的亲情，分明长

乐和民声，政以行之，刑以防之。礼乐刑政四达而不悖，则王道备矣。

乐者为同，礼者为异。同则相亲，异则相敬。乐胜则流，礼胜则离。合情饰貌者，礼乐之事也。礼义立，则贵贱等矣；乐文同，则上下和矣；好恶著，则贤不肖别矣；刑禁暴，爵举贤，则政均矣。仁以爱之，义以正之，如此则民治行矣。

乐由中出，礼自外作。乐由中出，故静；礼自外作，故文。大乐必易，大礼必简。乐至则无怨，礼至则不争。揖让而治天下者，礼乐之谓也。暴民不作，诸侯宾服，兵革不试，五刑不用，百姓无患，天子不怒，如此则乐达矣。合父子之亲，明长幼之序，以敬四海之内。天子如此，则礼行矣。

大乐与天地同和，大礼与天地同节。和，故百物不失；节，故祀天祭地。明则有礼乐，幽则有鬼神，如此则四海之内合敬同爱矣。礼者，殊事合敬者也；乐者，异文合爱者也。礼乐之情同，故明王以相沿也。故事与时并，名与功偕。故钟鼓管磬羽籥干戚，乐之器也；诎信俯仰级兆舒疾，乐之文也。簠簋俎豆制度文章，礼之器也；升降上下周旋裼袭，礼之文也。故知礼乐之情者能作，识礼乐之文者能术。作者之谓圣，术者之谓明。明圣者，术作之谓也。

乐者，天地之和也；礼者，天地之序也。和，故百物皆化；序，故群物皆别。乐由天作，礼以地制。过制则乱，过作则暴。明于天地，然后能兴礼乐也。论伦无患，乐之情也；欣喜欢爱，乐之官也。中正无邪，礼

幼之间的次序，使四海之内互相敬爱。天子做到这些，礼的作用就发挥出来了。

大乐与天地同样能和合万物，大礼与天地同样能节制万物。和合，所以百物才不失本性；节制，所以要祭祀天地。于外能明礼乐，于内能敬鬼神，这样四海之内就能互相敬爱了。礼，就是尊卑贵贱之间都能互相尊敬；乐，就是宫商错而成文却能劝人互相亲爱。礼乐的敬爱之情是相同的，所以圣明的君王都将礼乐沿袭下来。因此，圣王所做之事要与时势并行，圣王制乐之名要与功业一同兴起。所以钟、鼓、管、磬、羽、籥、干、戚，是乐所用的器具；屈伸、俯仰、聚散、舒疾，是乐的表面形式。簠、簋、俎、豆、制度、文章，是礼所用的器具；升降、上下、周旋、卷袖，是礼的表演形式。所以懂得礼乐之情的人才能制礼作乐，懂得礼乐表演形式的人才能记述并修习它。能制礼作乐称为圣，能记述修习称为明。所谓圣明，就是能制作修习的意思。

乐，代表天地和顺；礼，代表天地有序。和顺，所以百物都能化育生长；有序，所以万物都有区别。乐是取法乎天而作的，礼是按照地理所制的。制礼不当就会因贵贱不分而生祸乱，作乐不当就会因上下不和而生强暴。明白天地之理，然后才能制作礼乐。论说伦理而无所忧惧，是乐的主

旨；使人欣喜欢爱，是乐的功用。内心中正无邪，是礼的本质；庄严敬顺，是礼的形式。至于礼乐加之于金石，发之于声音，用于宗庙社稷，供奉山川鬼神，这些事上天子与民众是相同的。

王者功业有成，就会作乐；政治安定，就会制礼。功业大的其所作之乐就完备，治理区域广阔的其所制之礼就周全。像舞动盾、斧那样的武乐，不是完备的乐；用煮熟的食物祭祀，不是通达周全的礼。五帝时代不同，所作之乐不相沿袭；三王世道不同，所作之礼不相沿袭。乐太过度就会有忧患，礼太粗疏就会有遗漏。至于乐敦厚而没有忧患，礼完备而没有遗漏，这唯有大圣人才能做到吧？天空高远，大地低沉，万物分散，各不相同，而礼才得以仿此制定、推行；万物流动而不止息，合同化生，而乐才得以兴起。春生夏长，这就是仁；秋收冬藏，这就是义。仁与乐相近，义与礼相近。乐使人敦厚和睦，遵循先圣的神气而顺从于天；礼能区别贵贱，遵循先圣的遗志而顺从于地。所以圣人作乐来顺应天时，制礼来配合地理。礼乐分明而完备，天地就能各得其所了。

天尊地卑，君臣关系也就确定了。高下已经确定，贵贱的地位也就确立了。动静各有常行，万物大小也就不同了。各种生物因种类相同聚在一起，各种事物因种

之质也；庄敬恭顺，礼之制也。若夫礼乐之施于金石，越于声音，用于宗庙社稷，事于山川鬼神，则此所以与民同也。

王者功成作乐，治定制礼。其功大者其乐备，其治辨者其礼具。干戚之舞，非备乐也；亨孰而祀，非达礼也。五帝殊时，不相沿乐；三王异世，不相袭礼。乐极则忧，礼粗则偏矣。及夫敦乐而无忧，礼备而不偏者，其唯大圣乎？天高地下，万物散殊，而礼制行也；流而不息，合同而化，而乐兴也。春作夏长，仁也；秋敛冬藏，义也。仁近于乐，义近于礼。乐者敦和，率神而从天；礼者辨宜，居鬼而从地。故圣人作乐以应天，作礼以配地。礼乐明备，天地官矣。

天尊地卑，君臣定矣。高卑已陈，贵贱位矣。动静有常，大小殊矣。方以类聚，物以群分，则性命不同矣。在天成象，

在地成形，如此，则礼者天地之别也。地气上陟，天气下降，阴阳相摩，天地相荡，鼓之以雷霆，奋之以风雨，动之以四时，煖之以日月，而百化兴焉，如此则乐者天地之和也。

化不时则不生，男女无别则乱登，此天地之情也。及夫礼乐之极乎天而蟠乎地，行乎阴阳而通乎鬼神，穷高极远而测深厚，乐著太始而礼居成物。著不息者天也，著不动者地也。一动一静者，天地之间也。故圣人曰"礼云乐云"。

昔者舜作五弦之琴，以歌《南风》；夔始作乐，以赏诸侯。故天子之为乐也，以赏诸侯之有德者也。德盛而教尊，五谷时孰，然后赏之以乐。故其治民劳者，其舞行级远；其治民佚者，其舞行级短。故观其舞而知其德，闻其谥而知其行。《大章》，章之也；《咸池》，备也；《韶》，继也；《夏》，

类不同而区分开，那它们的秉性寿命长短也不相同了。在天者形成光耀之象，在地者形成万物体貌，如此礼就是天地万物间的界限和区别。地之气上升，天之气下降，阴阳之气摩擦，天地之气相互激荡，雷霆相鼓动，风雨奋迅而出，随四时而变动，靠日月的光泽相温暖，这样百物就变化生长起来了，如此，乐就是天地万物间的和合与谐调。

化育不按时令万物就不能生长，男女没有分别就会形成错乱，这是天地间的情理。至于礼乐上至于天，下委于地，行于阴阳，与鬼神相通，在极高极远处探测万物的深邃与厚重，乐产生于万物初生的太始之时，礼产生于万物形成之后。生而不息的是天，生而不动的是地。一动一静之间，是天地万物。所以圣人才有"关于礼乐的种种论述"。

昔日舜帝曾作五弦琴，来歌唱《南风》的乐章；夔开始作乐，来赏赐诸侯。所以天子作乐，是用来赏赐有德行的诸侯的。德行隆盛而教化尊显，五谷按时成熟，然后才赏赐给诸侯乐舞。所以诸侯治民劳苦的，舞者数量少，行列连缀的距离就远；诸侯治民安逸的，他的舞者数量多，行列连缀的距离就短。所以看诸侯的乐舞就能知道他的德行大小，听他的谥号就能知道他行为的善恶。《大章》，是表彰尧的德

行盛大的；《咸池》，是歌颂黄帝的德政完备的；《韶》，是褒扬舜能继承尧的功德的；《夏》，是夸赞禹能光大尧舜的功德的；关于治民的道理，殷和周的乐都已经表达尽了。

天地的规律，寒暑不按一定时令就会使百姓多有疾病，风雨不按一定时节就会发生饥荒。乐教，犹如百姓的寒暑，乐教不合时宜就会有伤世俗。礼事，犹如百姓的风雨，礼事不加节制就会劳而无功。这样先王作乐，就是将其作为治民的法则，治理得好那臣下的行为就会效仿君王的德行了。如养猪和酿酒，不是为了制造祸灾；然而刑狱诉讼的事更加繁多，这是饮酒没有节制带来的祸患。所以先王由此制定了饮酒的礼节，每一次进酒，宾主都要多次互拜，终日饮酒也不会醉倒，这是先王防备饮酒生祸的方法。所以说酒食，是用来让众人欢乐的。

乐，是用来象征德行的；礼，是用来防止邪淫过失的。所以先王有丧葬大事，一定有礼来表示哀悼；有庆福大事，一定有礼来表示欢乐：哀悼和欢乐的程度，最终都以礼的规定为准。

乐是施与，礼是报答。乐，为自己心中所生的情感而欢乐；而礼，是对施恩于自己的始祖的报答。乐是为了表彰功德，礼是为了报答人情和祖先。所谓大路，就

大也；殷周之乐尽也。

天地之道，寒暑不时则疾，风雨不节则饥。教者，民之寒暑也，教不时则伤世；事者，民之风雨也，事不节则无功。然则先王之为乐也，以法治也，善则行象德矣。夫豢豕为酒，非以为祸也，而狱讼益烦，则酒之流生祸也。是故先王因为酒礼，一献之礼，宾主百拜，终日饮酒而不得醉焉，此先王之所以备酒祸也。故酒食者，所以合欢也。

乐者，所以象德也；礼者，所以闭淫也。是故先王有大事，必有礼以哀之；有大福，必有礼以乐之：哀乐之分，皆以礼终。

乐也者，施也；礼也者，报也。乐，乐其所自生；而礼，反其所自始。乐章德，礼报情反始也。所谓大路者，天子

之輿也；龍旂九斿，天子之旌也；青黑緣者，天子之葆龜也；從之以牛羊之群，則所以贈諸侯也。

樂也者，情之不可變者也；禮也者，理之不可易者也。樂統同，禮別異，禮樂之說貫乎人情矣。窮本知變，樂之情也；著誠去偽，禮之經也。禮樂順天地之誠，達神明之德，降興上下之神，而凝是精粗之體，領父子君臣之節。

是故大人舉禮樂，則天地將為昭焉。天地欣合，陰陽相得，煦嫗覆育萬物，然後草木茂，區萌達，羽翮奮，角觡生，蟄蟲昭蘇，羽者嫗伏，毛者孕鬻，胎生者不殰而卵生者不殈，則樂之道歸焉耳。

樂者，非謂黃鐘大呂弦歌干揚也，樂之末節也，故童者舞之；布筵席，陳樽俎，列籩豆，以升降為禮者，禮之末節也，故有司掌之。樂師辯乎聲詩，故北面而弦；宗祝辯乎宗廟之禮，故後尸；商祝辯乎喪禮，故後主人。是故德成而上，蓺成而下；行成而先，事成而

是天子的車駕；施有九斿的龍旗，就是天子的旌旗；龜甲邊緣是青黑色的龜，就是天子的寶龜；還附帶有成群的牛羊，這是天子用來賞賜諸侯的。

樂，歌頌的是人情中永恆不變的主題；禮，表達的是世事中不可移易的道理。樂總領人們的和合之情，禮區別人們之間的不同，禮樂之理貫穿人情的始終。探究本原，懂得變化，是樂的本質；顯示誠信，去除詐偽，是禮的原則。禮樂順應天地的誠意，通達神明的美德，陟降上下神祇，成就一切大小事物，統領父子君臣的節義。

所以聖人推行禮樂，天地將為此而顯得光明。天地之氣欣然和合，陰陽交會，溫暖慈愛，養育萬物，然後草木茂盛，作物萌發，飛鳥奮飛，走獸繁育，蟄蟲復蘇，鳥類孵化，獸類繁殖，胎生的不流產，卵生的不破卵，這一切都要歸功於樂啊！

樂，並非指黃鐘大呂和弦歌舞蹈，這只是樂的末節，所以童子才舞奏它；布置筵席，陳列酒樽食俎，列排籩豆，進退拜揖的禮儀，只是禮的末節，所以讓典禮小官掌管它。樂師熟悉聲詩，所以面朝北彈奏；宗祝熟悉宗廟祭禮，所以地位在尸的後面；商祝熟悉喪葬之禮，所以地位在主人後面。以道德成就的居上位，以技藝成就的居下位；以功業成就的在前，以事業

成就的在后。所以先王使上下前后尊卑分明，然后才制礼作乐，颁行于天下。

乐，是圣人所喜欢的，它可以使民心向善。乐感人至深，它能移风易俗，所以先王特别重视进行乐教。

人天生都有血气和心智，却没有固定不变的喜怒哀乐之情，心因外物的感应而波动，然后心术邪正才得以表现出来。所以心志细微而节奏急促的乐声产生，人民就多悲思忧；舒缓而不急迫、多文采而节奏简洁的乐声产生，人民就必享安宁；粗厉刚猛、亢奋激昂的乐声产生，人民就会变得刚毅；廉正不阿、庄重诚挚的乐声产生，人民就会变得严肃庄重；宽裕厚重、和谐顺畅的乐声产生，人民就会变得仁慈亲爱；邪僻散漫、急促浮滥的乐声产生，人民就会多有淫乱。

所以先王以人之性情为本，考察天地的度数，按照礼义的要求，参考阴阳二气的调和，遵循五行的规律，使人的阳刚之气不舒散，阴柔之性不密闭，有阳刚之气但不暴怒，有阴柔之气但不胆小畏惧，阴、阳、刚、柔四者交融于心中却表现于行动之外，都安守本分而不互相侵夺。然后人民各随自己才智的高低分别学习，增加它的乐章，简省它的文采，以检验人君的德行厚薄。以大小分类制作乐器，与音律高低相称，与五音终始的次序相合，以象征

后。是故先王有上有下，有先有后，然后可以有制于天下也。

乐者，圣人之所乐也，而可以善民心。其感人深，其风移俗易，故先王著其教焉。

夫人有血气心知之性，而无哀乐喜怒之常，应感起物而动，然后心术形焉。是故志微焦衰之音作，而民思忧；啴缓慢易繁文简节之音作，而民康乐；粗厉猛起奋末广贲之音作，而民刚毅；廉直经正庄诚之音作，而民肃敬；宽裕肉好顺成和动之音作，而民慈爱；流辟邪散狄成涤滥之音作，而民淫乱。

是故先王本之情性，稽之度数，制之礼义，合生气之和，道五常之行，使之阳而不散，阴而不密，刚气不怒，柔气不慑，四畅交于中而发作于外，皆安其位而不相夺也。然后立之学等，广其节奏，省其文采，以绳德厚也。类小大之称，比终始之序。以象事行，使亲疏、贵贱、长幼、男女之理皆形见于乐：故曰"乐观其深矣"。

人事行为，使亲疏贵贱、男女长幼的道理都在乐声中表现出来，所以说"乐的意义观察起来实在太深奥了"。

土敝则草木不长，水烦则鱼鳖不大，气衰则生物不育，世乱则礼废而乐淫。是故其声哀而不庄，乐而不安，慢易以犯节，流湎以忘本。广则容奸，狭则思欲，感涤荡之气而灭平和之德，是以君子贱之也。

土地贫瘠草木就不能生长，水域扰动鱼鳖就不能长大，天时之气衰微生物就不能繁育；世道丧乱礼制就会废弃，而乐声也会流淫过度。所以这时的乐声哀伤而不庄重，欢乐而不安定，散漫轻佻而节奏紊乱，流连沉湎而失去音乐本旨。乐声缓慢就能包容奸伪，乐声急促就会思利望欲，摇动涤荡善气而泯灭平和之德，所以君子鄙视它。

凡奸声感人而逆气应之，逆气成象而淫乐兴焉。正声感人而顺气应之，顺气成象而和乐兴焉。倡和有应，回邪曲直各归其分，而万物之理以类相动也。

凡是以奸邪的乐声感动人民，天地就会产生逆乱之气应和它，逆乱之气表现出来，淫乐就会兴起。以正派的乐声感动人民，天地就会产生顺气应和它，顺气表现出来，和乐就会兴起。两种乐声相互倡和呼应，使邪正曲直各得其所，而世间万物的道理也都与此相类，互相感应。

是故君子反情以和其志，比类以成其行。奸声乱色不留聪明，淫乐废礼不接于心术，惰慢邪辟之气不设于身体，使耳目鼻口心知百体皆由顺正，以行其义。然后发以声音，文以琴瑟，动以干戚，饰以羽旄，从以箫管，奋至德之光，动四气之和，以著万物之理。是故

所以君子要恢复正常的本性来和顺自己的心志，比照善人来成就自己的德行。奸邪淫乱的声色不能停留在耳目之中，淫乐废礼不能与心术相接触，怠惰、轻慢、邪僻的习气不能加于身体，使耳、目、鼻、口、心智等身体各部分都按照和顺正直的原则，去执行各自的功用。然后用身体发出声音，再以琴瑟之声搭配，配以干戚协调舞动，以羽旄装饰，用箫管伴奏，奋发天

地间至高的道德光耀，推动四时变化的和顺之气，以彰显万物生发的道理。所以歌声清明很像天空，鼓声宏大很像大地，五音始终相接很像四时循环，舞姿周旋很像风雨婆娑；五色错综交织而不杂乱，八音按规律而互不干扰，乐舞节拍像百刻计时有一定之规；大小月相间成岁，万物变化终始相生，此唱彼和，清浊交错，循环更替，是为有常。所以乐推行之后，人伦清明，耳聪目明，血气平和，移风易俗，天下都得到安宁。所以说"乐就是快乐的意思"。君子从乐中能得到仁义之道，小人从乐中能满足个人欲望。用道德来克制欲望，就能得到快乐而不迷乱；因私欲而遗忘了道德，就会迷惑而得不到快乐。所以君子要恢复正常的本性来和顺自己的心志，推广声乐以促成它的教化，乐得以推行，人民就会心向君子之道，就可以由此观察人们的道德了。

德，是人性的根本；乐，是德的表现；金石丝竹，是奏乐的器具。诗，表达人们的心志；歌，唱出人们的心声；舞，使人们容色震动：志、声、容三者都以心为本，然后以诗、歌、舞把它们表现出来。所以情致深远而文德昌明，气势充盛而变化通神，心志的和顺之气积于心中，才有言词声音等德行的英华发于身外，只有乐不可以作假。

清明象天，广大象地，终始象四时，周旋象风雨；五色成文而不乱，八风从律而不奸，百度得数而有常；小大相成，终始相生，倡和清浊，代相为经。故乐行而伦清，耳目聪明，血气和平，移风易俗，天下皆宁。故曰"乐者，乐也"。君子乐得其道，小人乐得其欲。以道制欲，则乐而不乱；以欲忘道，则惑而不乐。是故君子反情以和其志，广乐以成其教，乐行而民乡方，可以观德矣。

德者，性之端也；乐者，德之华也；金石丝竹，乐之器也。诗，言其志也；歌，咏其声也；舞，动其容也：三者本乎心，然后乐气从之。是故情深而文明，气盛而化神，和顺积中而英华发外，唯乐不可以为伪。

乐者，心之动也；声者，乐之象也；文采节奏，声之饰也。君子动其本，乐其象，然后治其饰。是故先鼓以警戒，三步以见方，再始以著往，复乱以饰归。奋疾而不拔，极幽而不隐。独乐其志，不厌其道；备举其道，不私其欲。是以情见而义立，乐终而德尊；君子以好善，小人以息过：故曰"生民之道，乐为大焉"。

君子曰：礼乐不可以斯须去身。致乐以治心，则易、直、子、谅之心油然生矣。易直子谅之心生则乐，乐则安，安则久，久则天，天则神。天则不言而信，神则不怒而威。致乐，以治心者也；致礼，以治躬者也。治躬则庄敬，庄敬则严威。心中斯须不和不乐，而鄙诈之心入之矣；外貌斯须不庄不敬，而慢易之心入之矣。故乐也者，动于内者也；礼也者，动于外者也。乐极和，礼极顺。内和而外顺，则民瞻

乐，是心被外物感动而产生的；声音，是乐的外部形象；文采节奏，是对声音的装饰。君子内心有所感，用声音表达出来，然后加以修饰。所以先击鼓以提示舞者准备，然后三举步来调整整齐，然后再来一次，表明武王伐纣时两次兴师。舞毕整饬队形而归。舞姿奋疾而不凌乱，曲调深幽而不隐晦。乐使人以自己的志向为乐，而又不厌弃实现此志向的方法；乐备举武王之道，这并不是因为作乐者被私欲打动。因此乐中伐纣的情形历历可见，以有道伐无道的义旨也表现出来，乐毕，武王的德行更加尊显。君子观后更加好善，小人观后改过自新。所以说"治理百姓的方法中，乐是最重要的"。

君子说：礼乐不可以片刻离身。追求用乐来修养心性，那么平易、正直、慈爱、忠信之心就会油然而生了。平易、正直、慈爱、忠信之心产生就会感到快乐，心中快乐就会安定，安定就会长久，长久了就像天，天就像神明。天不言不语也会使人信从，神不发怒也有威严。追求音乐，是为了修养心性；追求礼制，是为了修身。修身则庄重恭敬，庄重恭敬则气势威严。心中有片刻不和不乐，则卑鄙狡诈之心就会乘虚而入了；外貌有片刻不庄不敬，则怠慢轻忽之心就会乘虚而入了。所以乐是对内心起作用的，礼是对外貌起作用的。

乐极平和，礼极恭顺。内心平和而外貌恭顺，那么民众看到他的脸色就不会与他争论了；望见他的容貌，民众就不会产生怠慢轻忽之心了。道德的光辉在心中起作用，民众无不承奉听从，容貌举止在外表起作用，民众无不承奉顺从，所以说"懂得礼乐的道理，把它举而用之于天下，就不会有什么难的了"。

乐，在人的心中起作用；礼，在人的外表起作用。所以礼讲求谦让，乐讲求盈满。礼讲求谦让但也须勉励进取，以进取为美德；乐讲求盈满但也须加以抑制，以抑制为美德。在礼的方面，若一味谦让而不进取，就会衰亡；在乐的方面，若一味盈满而不加抑制，就会放纵。所以礼尚往来，讲究报答；乐有反复，曲终复奏。行礼得到报答心中才会快乐，奏乐有反复心中才能安宁。礼的报答，乐的反复，其意义是相同的。

乐就是快乐的意思，是人情所不可缺少的。心中快乐必定会发出声音，在动作中表现出来，这是人的禀性。声音动作、性情心术的变化，全都在这里了。所以人不能没有欢乐，欢乐不能没有形迹。有形迹而不设置常规，就不能不混乱。先王厌恶这种混乱，所以制《雅》《颂》之乐来加以引导，使它的声音足以使人欢乐而不放纵，使它的文采足以维系人伦，使它的

其颜色而弗与争也，望其容貌而民不生易慢焉。德辉动乎内而民莫不承听，理发乎外而民莫不承顺，故曰"致礼乐之道，举而错之天下，无难矣"。

乐也者，动于内者也；礼也者，动于外者也。故礼主其谦，乐主其盈。礼谦而进，以进为文；乐盈而反，以反为文。礼谦而不进，则销；乐盈而不反，则放。故礼有报而乐有反。礼得其报则乐，乐得其反则安。礼之报，乐之反，其义一也。

夫乐者，乐也，人情之所不能免也。乐必发诸声音，形于动静，人道也。声音动静，性术之变，尽于此矣。故人不能无乐，乐不能无形。形而不为道，不能无乱。先王恶其乱，故制《雅》《颂》之声以道之，使其声足以乐而不流，使其文足以纶而不息，使其曲直

繁省廉肉节奏，足以感动人之善心而已矣，不使放心邪气得接焉，是先王立乐之方也。是故乐在宗庙之中，君臣上下同听之，则莫不和敬；在族长乡里之中，长幼同听之，则莫不和顺；在闺门之内，父子兄弟同听之，则莫不和亲。故乐者，审一以定和，比物以饰节，节奏合以成文，所以合和父子君臣，附亲万民也，是先王立乐之方也。故听其《雅》《颂》之声，志意得广焉；执其干戚，习其俯仰诎信，容貌得庄焉；行其缀兆，要其节奏，行列得正焉，进退得齐焉。故乐者天地之齐，中和之纪，人情之所不能免也。

夫乐者，先王之所以饰喜也；军旅铁钺者，先王之所以饰怒也。故先王之喜怒皆得其齐矣。喜则天下和之，怒则暴乱者畏之。先王之道，礼乐可谓盛矣。

魏文侯问于子夏曰："吾端冕而听古乐则唯恐卧，听郑卫之音则不知倦。敢问古乐之如彼，何也？新乐之如此，何也？"

曲直简繁、表里节奏，足以感发人之善心，不使人的放纵之心、邪恶之气与音声相接，这是先王制乐的原则。所以乐在宗庙之中演奏，君臣上下一同倾听，就没有不和顺恭敬的；在族长乡里之中演奏，长幼一同倾听，就没有不和谐顺从的；在家门之中演奏，父子兄弟一同倾听，就没有不和睦亲爱的。所以乐就是详审人声，以确定调和之音，与乐器相比类以装饰音声的节奏，使节奏调合成为优美的乐章，以此和合父子君臣，使万民亲附，这是先王制乐的原则。所以听了《雅》《颂》之乐，志向、意气会变得宽广；手执干戚，演习俯仰屈伸等舞姿，仪容会变得庄严；标明行列位置，使舞步与音声的节奏相合，舞者就会行列方正，进退整齐。所以乐就是可以齐同天地，求得心中和美的纲纪，是人情所不可缺少的。

乐是先王用来表现喜悦的，军队兵器是先王用来表现愤怒的。所以先王的喜怒有各自的表现。喜悦则天下和悦，愤怒则暴乱者恐惧。先王的道，可以说是把礼乐发展到极盛了。

魏文侯问子夏说："我身着正式礼服听古乐时，唯恐睡着，听郑、卫之音却不知疲倦。敢问古乐之所以那样，是为什么？新乐之所以这样，又是为什么？"

子夏回答说："如今的古乐，齐进齐退，整齐划一，声乐和谐雅正，意境宽广，弦、匏、笙、簧等乐器都听拊鼓为节，以击鼓开始，以鸣金结束，以相来调整纷乱的节奏，以雅来督促迅疾的舞姿。君子以此发表议论，以此称道古乐，修身齐家，平治天下：这是古乐所起的作用。如今的新乐，进退曲折，或俯或偻，声音邪恶淫乱，让人沉溺其中不能自拔，还有俳优侏儒，像猴一样置身其间，而且男女混杂，不知有父子尊卑。乐终之后没有什么可议论的，不能借此称道古事：这是新乐所起的作用。如今您所问的是乐，所喜好的却是音。乐与音，相近而不相同。"

文侯说："敢问二者有何不同？"

子夏回答说："古代天地顺行，四时有序，人民有德行，五谷丰登，疾疫不发生，也没有灾殃，这就称为大当。然后圣人制作了父子君臣之类的礼仪作为纲纪，纲纪既立，天下就安定。天下安定了，然后修正六律，调和五声，以弦管之器演奏《诗》《颂》，这就叫作德音，德音才称为乐。《诗经》说：'那平静美好的德音，他的德行能够照耀四方，能够明识，能够无私；能够为人师长，能够担当国君。统治这个庞大的国家，能够使民顺服，使民从善。至于文王，他的德行越发完美，没有缺憾。他蒙受上天的赐福，福佑延及他

子夏答曰："今夫古乐，进旅而退旅，和正以广，弦匏笙簧合守拊鼓，始奏以文，止乱以武，治乱以相，讯疾以雅。君子于是语，于是道古，修身及家，平均天下：此古乐之发也。今夫新乐，进俯退俯，奸声以淫，溺而不止，及优侏儒，獶杂子女，不知父子。乐终不可以语，不可以道古：此新乐之发也。今君之所问者乐也，所好者音也。夫乐之与音，相近而不同。"

文侯曰："敢问如何？"

子夏答曰："夫古者天地顺而四时当，民有德而五谷昌，疾疢不作而无祅祥，此之谓大当。然后圣人作为父子君臣以为之纪纲，纪纲既正，天下大定，天下大定，然后正六律，和五声，弦歌《诗》《颂》，此之谓德音，德音之谓乐。《诗》曰：'莫其德音，其德克明，克明克类，克长克君。王此大邦，克顺克俾。俾于文王，其德靡悔。既受帝祉，施于孙子。'此之谓也。今君之所好者，其溺音与？"

文侯曰："敢问溺音者何从出也？"

子夏答曰："郑音好滥淫志，宋音燕女溺志，卫音趣数烦志，齐音骜辟骄志，四者皆淫于色而害于德，是以祭祀不用也。《诗》曰：'肃雍和鸣，先祖是听。'夫肃肃，敬也；雍雍，和也。夫敬以和，何事不行？为人君者，谨其所好恶而已矣。君好之则臣为之，上行之则民从之。《诗》曰'诱民孔易'，此之谓也。然后圣人作为鞉、鼓、椌、楬、埙、篪，此六者，德音之音也。然后钟、磬、竽、瑟以和之，干、戚、旄、狄以舞之。此所以祭先王之庙也，所以献酬酳酢也，所以官序贵贱各得其宜也，此所以示后世有尊卑长幼序也。钟声铿，铿以立号，号以立横，横以立武。君子听钟声则思武臣。石声硁，硁以立别，别以致死。君子听磬声则思死封疆之臣。丝声哀，哀以立廉，廉以立志。君子听琴瑟之声则思志义之臣。竹声

的子孙。'就是这个意思。如今您所喜好的，恐怕是溺音吧？"

文侯说："敢问溺音是怎么产生的？"

子夏回答说："郑音好违礼法而浸淫人的心志，宋音安于女色而使人的意志消沉，卫音急促顿挫而使人心烦意乱，齐音傲慢邪僻而使人心志骄纵，这四者都放纵过度而损害德行，所以祭祀时不采用它们。《诗》说：'肃雍相和而鸣的声音，先祖们才来听。'肃肃，是恭敬之意；雍雍，是和谐之意。恭敬又和谐，何事不能成功？作为人民的君主，只不过是要谨慎地对待自己所好恶的事情罢了。君主喜好什么，臣子就会做什么；在上位者做什么，百姓就跟着做什么。《诗经》说'诱导人民，十分容易'，就是这个道理。然后圣人制作了鞉、鼓、椌、楬、埙、篪，这六种乐器所发出的声音，是属于德音的音质。然后以钟、磬、竽、瑟来与它们相和，手执干、戚、旄、狄的道具来舞蹈配合。这些用来祭祀先王的宗庙，用来设宴接待宾客，用来区分官职大小、身份贵贱，使万事各得其宜，昭示后人要有尊卑长幼的次序。钟声铿锵，铿锵之声可以立为号令，号令可以使气势雄壮，气势雄壮可以建立武功。君子听到钟声就会思念武臣。磬声刚劲，刚劲之声可以分辨节义，节义分明

就会舍生忘死。君子听到磬声就会思念死守封疆的大臣。丝声悲哀，悲哀之声可以树立廉直的作风，廉直可以使人树立志向。君子听到琴瑟之声就会思念有志向和节义的大臣。竹声滥杂，滥杂之声可以使人会集，会集起来就可以凝聚人心。君子听到竽笙箫管之声就会思念节用爱人、育养民众的大臣。鼓鼙的声音喧嚣，喧嚣之声可以振奋士气，振奋士气就可以使士兵奋进。君子听到鼓鼙之声就会思念将帅之臣。君子听音声，并不只是听它的铿锵，音声也有与君子自己的心志相合之处。"

宾牟贾陪坐在孔子身旁，孔子与他说话，说到乐，孔子说："《武》乐开始时击鼓警众，持续时间很长，是为什么？"宾牟贾回答说："武王伐纣时担心得不到群众的拥护。""其歌声反复咏叹，漫声长吟，是为什么？"宾牟贾回答说："武王生怕错过攻伐的时机。""舞者一开始便发扬蹈厉，气势威猛，是为什么？"宾牟贾答道："表示到了攻伐的时机。""《武》舞坐的动作是右膝着地而左膝抬起，是为什么？"宾牟贾回答说："这不是《武》舞应有的动作。""歌声淫靡，带有商声，是为什么？"宾牟贾回答说："这不是《武》乐应该有的音调。"孔子说："如果不是《武》乐的音调，那是什么音调？"宾牟贾回答道："乐官们失去了它的传承。如

滥，滥以立会，会以聚众。君子听竽笙箫管之声则思畜聚之臣。鼓鼙之声谨，谨以立动，动以进众。君子听鼓鼙之声则思将帅之臣。君子之听音，非听其铿枪而已也，彼亦有所合之也。"

宾牟贾侍坐于孔子，孔子与之言，及乐，曰："夫《武》之备戒之已久，何也？"答曰："病不得其众也。""永叹之，淫液之，何也？"答曰："恐不逮事也。""发扬蹈厉之已蚤，何也？"答曰："及时事也。""《武》坐致右宪左，何也？"答曰："非《武》坐也。""声淫及《商》，何也？"答曰："非《武》音也。"子曰："若非《武》音，则何音也？"答曰："有司失其传也。如非有司失其传，则武王之志荒矣。"子曰："唯丘之闻诸苌弘，亦若吾子之言是也。"

宾牟贾起,免席而请曰:"夫《武》之备戒之已久,则既闻命矣。敢问迟之迟而又久,何也?"子曰:"居,吾语汝。夫乐者,象成者也。总干而山立,武王之事也;发扬蹈厉,太公之志也;《武》乱皆坐,周召之治也。且夫《武》,始而北出,再成而灭商,三成而南,四成而南国是疆,五成而分陕,周公左,召公右,六成复缀,以崇天子,夹振之而四伐,盛威于中国也。分夹而进,事蚤济也。久立于缀,以待诸侯之至也。且夫女独未闻牧野之语乎?武王克殷反商,未及下车,而封黄帝之后于蓟,封帝尧之后于祝,封帝舜之后于陈;下车而封夏后氏之后于杞,封殷之后于宋,封王子比干之墓,释箕子之囚,使之行商容而复其位。庶民弛政,庶士倍禄。济河而西,马散华山之阳而弗复乘;牛散桃林之野而不复服;车甲弢而藏之府库而弗复用;倒载

果不是乐官们失去了它的传承,那就是武王的心志迷糊了。"孔子说:"我曾听苌弘先生说过,他说的也像你说的一样。"

宾牟贾起身,避开座席,问道:"《武》乐开始时击鼓警众,持续时间很长,已经听过您的教诲了。敢问时间拖得那么长,又那么久,是为什么?"孔子说:"请坐,我告诉你。乐,是反映功业成就的。舞者手持盾牌,山立不动,象征武王伐纣的大事;举手顿足,威猛有力,象征太公的心志;《武》将结束,舞者都单膝跪地,象征周公、召公以文德治天下。《武》乐开始时舞者自南向北行进,象征武王出兵北伐,第二遍演奏象征武王灭商,第三遍演奏象征胜利南归,第四遍演奏象征南方诸国纳入疆域,第五遍演奏象征分陕而治,周公居左,治陕以东,召公居右,治陕以西,第六遍演奏舞者又相缀成行,表示对天子的崇敬,天子与大将夹持舞者而立,振动铎铃,象征提振士气征伐四方,威势震于中原。夹舞者分列行进,表示致力于战事早些成功。舞者成行以后久立不动,表示在等待各路诸侯的到来。你难道没听说过武王在牧野誓师时说过的话吗?武王攻克殷纣,到达商都,没来得及下车,就封黄帝的后人于蓟地,封尧帝的后人于祝地,封舜帝的后人于陈地;下车后封夏后氏的后人于杞地,封殷汤的后人于宋地,封修

王子比干的坟墓，从狱中释放出箕子，让他去见商容并恢复他的职位。废除对百姓的苛政，增加士人的俸禄。渡过黄河西行，把战马散放到华山南面，不再驾乘；把牛散放到桃林地区的荒野，不再乘用；战车、铠甲收藏于府库，不再使用；把干戈倒置，用虎皮包好；将领和统帅，让他们成为诸侯，称之为"建橐"：然后天下人都知道武王不再用兵了。遣散军队而行郊射求贤之礼，诸侯在东郊习射，演奏《貍首》，天子在西郊习射，演奏《驺虞》，而那种贯穿革甲的射击不再进行了；士卒身着裨衣冕冠，腰插笏板，而那些勇猛的将士也解下刀剑；在明堂中祭祀先祖，而百姓也懂得了孝道；行朝觐之礼，然后诸侯知道怎样做臣子；亲耕藉田，然后诸侯知道怎样敬奉先祖。这五者是教化天下最重要的方法。在太学里奉养三老五更，天子亲自袒衣切割牲肉，手执酱料给他们食用，手执酒杯请他们漱口，头戴冠冕，手持干盾，亲自舞蹈，是为了教化诸侯尊老敬贤。像这样，周朝的教化就达于四方，礼乐交相通达，那么《武》乐开始演奏时的迟缓，不也是应当的吗？

子贡见到乐师乙就问他，说："我听说声歌各有所适宜的人，像我这样的人适合唱什么歌呢？"

乐师乙说："我是个低贱的乐工，哪

干戈，苞之以虎皮；将率之士，使为诸侯，名之曰'建橐'：然后天下知武王之不复用兵也。散军而郊射，左射《貍首》，右射《驺虞》，而贯革之射息也；裨冕搢笏，而虎贲之士税剑也；祀乎明堂，而民知孝；朝觐，然后诸侯知所以臣；耕藉，然后诸侯知所以敬：五者，天下之大教也。食三老五更于太学，天子袒而割牲，执酱而馈，执爵而酳，冕而总干，所以教诸侯之悌也。若此，则周道四达，礼乐交通，则夫《武》之迟久，不亦宜乎？"

子贡见师乙而问焉，曰："赐闻声歌各有宜也，如赐者宜何歌也？"

师乙曰："乙，贱工也，

何足以问所宜？请诵其所闻，而吾子自执焉。宽而静，柔而正者，宜歌《颂》；广大而静，疏达而信者，宜歌《大雅》；恭俭而好礼者，宜歌《小雅》；正直清廉而谦者，宜歌《风》；肆直而慈爱者，宜歌《商》；温良而能断者，宜歌《齐》。夫歌者，直己而陈德；动己而天地应焉，四时和焉，星辰理焉，万物育焉。故《商》者，五帝之遗声也，商人志之，故谓之《商》；《齐》者，三代之遗声也，齐人志之，故谓之《齐》。明乎商之诗者，临事而屡断；明乎齐之诗者，见利而让也。临事而屡断，勇也；见利而让，义也。有勇有义，非歌孰能保此？故歌者，上如抗，下如队，曲如折，止如槁木，居中矩，句中钩，累累乎殷如贯珠。故歌之为言也，长言之也。说之，故言之；言之不足，故长言之；长言之不足，故嗟叹之；嗟叹之不足，故不知手之舞之、足之蹈之。"《子贡问乐》。

里配被询问谁适合唱什么歌呢？请让我述说我所听到的，先生自己决定适合唱什么歌吧。宽厚而沉静，柔顺而正直的人适合唱《颂》；胸怀宽广而沉静，疏朗豁达而诚信的人适合唱《大雅》；恭敬俭朴而好礼的人适合唱《小雅》；正直清廉而谦逊的人适合唱《风》；恣肆爽直而慈祥亲和的人适合唱《商》；温顺良善而能决断的人适合唱《齐》。歌，是直抒己意，展现自己品德的；它能触动我们自身的情感，天地能与之感应，四季与之相和，星辰运行得以有序，万物得以繁育。所以《商》乐，是五帝流传下来的歌曲，商人把它记录下来，抒发心志，所以称为《商》；《齐》乐，是三代流传下来的歌曲，齐人把它记录下来，抒发心志，所以称为《齐》。懂得《商》乐内涵的人，遇事能屡屡做出决断；懂得《齐》乐内涵的人，有利益能够让给他人。遇事能屡屡做出决断，是勇；有利益能够让给他人，是义。有勇有义，不是歌的话，还能是什么能使人保持这样的品格呢？所以歌曲，音调上扬时高亢而上，音调低沉时直坠而下，声音婉转时如被折弯，声音静止时如同槁木，音声雅曲如被曲尺丈量，音声屈曲如被圆规规范，音声相连如珠玉贯串。所以歌也是一种语言，是声音拉长的语言。心中有高兴的事，所以要把它说出来；说出来还不足以表达，所以就用拉长声音的语言来表达它；声音拉长还不足以表达，所以就嗟叹吟咏；嗟叹吟咏还不足以表达，所以就不知不觉地手舞足蹈起来了。"以上是《子贡问乐》的内容。

音大多是由于人心产生的，上天与人有相通的地方，如同影子跟随形体，回响与原来的声音相应和一样。所以行善的人上天会给他福报，作恶的人上天会给他灾祸，这是很自然的事。

所以舜弹奏五弦之琴，歌唱《南风》之诗而天下大治；纣王制作朝歌北鄙的歌曲，最后身死国亡。舜治理国家的方法为什么那样宽宏？纣治理国家的方法为什么那样狭隘？《南风》之诗属于生长繁育之音，舜喜爱它，这种喜爱与天地的意旨相同，能得天下人的欢心，所以天下大治。而朝歌是不合于时之歌，北就是败北的意思，鄙就是粗陋的意思，纣王喜欢这种音乐，与天下人的心意不同，诸侯不归附他，百姓不亲近他，天下人都背叛他，所以他身死国亡。

而卫灵公在位时，他将要去晋国，到达濮水边上住宿。半夜时卫灵公听到抚琴的声音，问左右之人，他们都回答说"没有听见"。于是卫灵公召见师涓说："我听到抚琴的声音，问了左右之人，他们都没有听见。这情形好像是有鬼神，请为我听一听，然后把曲子记下来。"师涓说：

凡音由于人心，天之与人有以相通，如景之象形，响之应声。故为善者天报之以福，为恶者天与之以殃，其自然者也。

故舜弹五弦之琴，歌《南风》之诗而天下治；纣为朝歌北鄙之音，身死国亡。舜之道何弘也？纣之道何隘也？夫《南风》之诗者生长之音也，舜乐好之，乐与天地同意，得万国之欢心，故天下治也；夫朝歌者不时也，北者败也，鄙者陋也，纣乐好之，与万国殊心，诸侯不附，百姓不亲，天下畔之，故身死国亡。

而卫灵公之时，将之晋，至于濮水之上，舍。夜半时闻鼓琴声，问左右，皆对曰"不闻"。乃召师涓曰："吾闻鼓琴音，问左右，皆不闻。其状似鬼神，为我听而写之。"师涓曰："诺。"因端坐援琴，听而写之。明日，曰："臣得之矣，然未习也，请宿习之。"灵公曰："可。"因复宿。明日，报曰："习矣。"即去之晋，见晋平公。平公置酒于施惠之台。酒酣，灵公曰："今者来，闻新声，请奏之。"平公曰："可。"即令师涓坐师旷旁，援琴鼓之。未终，师旷抚而止之曰："此亡国之声也，不可遂。"平公曰："何道出？"师旷曰："师延所作也。与纣为靡靡之乐，武王伐纣，师延东走，自投濮水之中，故闻此声必于濮水之上。先闻此声者国削。"平公曰："寡人所好者音也，愿遂闻之。"师涓鼓而终之。

平公曰："音无此最悲乎？"师旷曰："有。"平公曰："可得闻乎？"师旷曰："君德义薄，不可以听之。"平公曰："寡人所好者音也，愿闻之。"师旷不得已，援琴而鼓之。一奏之，有玄鹤二八集乎

"好。"于是师涓端坐操琴，听完把它记了下来。第二天，师涓说："臣已将曲子记下来了，然而还没有练习，请允许我练习一晚。"灵公说："可以。"于是又在这里住了一晚。第二天，师涓复命说："练习好了。"于是师涓随卫灵公离开此处去了晋国，见到晋平公。晋平公在施惠宫的高台上设置酒宴。酒兴正浓时，卫灵公说："这次来时，我听到一首新曲，请允许我们为您演奏它。"晋平公说："可以。"卫灵公就命师涓坐在师旷旁边，取出琴弹奏这首曲子。还没结束，师旷便手按琴弦制止说："这是亡国之音，不要再弹奏了。"晋平公问："为什么说出这样的话？"师旷说："这是师延所作的曲子。师延给纣王作了这种靡靡之音，武王伐纣时，师延向东逃走，自己投身于濮水之中，所以听到这首曲子一定是在濮水之上，先听到这首曲子的国家会衰弱。"晋平公说："寡人喜好的东西就是音乐，希望能听完它。"师涓便将曲子演奏完毕。

晋平公说："音乐中还有没有比这更哀婉动听的呢？"师旷说："有。"晋平公说："我能够听一听吗？"师旷说："您的道德信义浅薄，不可以听。"晋平公说："寡人喜好的东西就是音乐，希望能听到它。"师旷不得已，便取琴演奏。演奏了一遍，有十六只玄鹤聚集在廊门前；又演

奏了一遍，玄鹤都伸长脖子鸣叫，舒展翅膀而跳起舞来。

晋平公非常高兴，起身为师旷敬酒祝福。晋平公回身坐下，问道："音乐中还有没有比这更动听的呢？"师旷说："有。昔日黄帝用这首曲子聚合鬼神，如今您道德信义浅薄，不够听它，听了将有败亡之祸。"晋平公说："寡人老了，喜好的东西就是音乐，希望能够听到这首曲子。"师旷不得已，便取琴演奏。演奏了一遍，有白云从西北天际涌起；又演奏了一遍，大风刮起，大雨也随之而来，揭飞廊瓦，左右之人都惊慌奔走。晋平公害怕了，趴在廊屋之间。晋国大旱，三年寸草不生。

同样是听乐曲，有人遇吉，有人遇凶。乐曲是不可以随意演奏的。

太史公说：上古贤明的帝王奏乐，不是用来娱乐自身，恣情纵欲的，而是想以此来治理天下。端正教化都是从音乐开始的，音乐端正则行为端正。所以音乐是用来动荡血脉，疏通精神，调和、端正人心的。所以宫音涤荡脾脏，从而调和端正人的圣洁之心；商音涤荡肺脏，从而调和端正人的正义之心；角音涤荡肝脏，从而调和端正人的仁爱之心；徵音涤荡心脏，从而调和端正人的礼让之心；羽音涤荡肾脏，从而调和端正人的明智之心。所以乐对内

廊门；再奏之，延颈而鸣，舒翼而舞。

平公大喜，起而为师旷寿。反坐，问曰："音无此最悲乎？"师旷曰："有。昔者黄帝以大合鬼神，今君德义薄，不足以听之，听之将败。"平公曰："寡人老矣，所好者音也，愿遂闻之。"师旷不得已，援琴而鼓之。一奏之，有白云从西北起；再奏之，大风至而雨随之，飞廊瓦，左右皆奔走。平公恐惧，伏于廊屋之间。晋国大旱，赤地三年。

听者或吉或凶。夫乐不可妄兴也。

太史公曰：夫上古明王举乐者，非以娱心自乐，快意恣欲，将欲为治也。正教者皆始于音，音正而行正。故音乐者，所以动荡血脉，通流精神而和正心也。故宫动脾而和正圣，商动肺而和正义，角动肝而和正仁，徵动心而和正礼，羽动肾而和正智。故乐所以内辅正心而外异贵贱也；上以事宗庙，下以变化黎庶也。琴长八尺一

寸，正度也。弦大者为宫，而居中央，君也。商张右傍，其余大小相次，不失其次序，则君臣之位正矣。故闻宫音，使人温舒而广大；闻商音，使人方正而好义；闻角音，使人恻隐而爱人；闻徵音，使人乐善而好施；闻羽音，使人整齐而好礼。夫礼由外入，乐自内出。故君子不可须臾离礼，须臾离礼则暴慢之行穷外；不可须臾离乐，须臾离乐则奸邪之行穷内。故乐音者，君子之所养义也。夫古者天子诸侯听钟磬未尝离于庭，卿大夫听琴瑟之音未尝离于前，所以养行义而防淫佚。夫淫佚生于无礼，故圣王使人耳闻《雅》《颂》之音，目视威仪之礼，足行恭敬之容，口言仁义之道。故君子终日言而邪辟无由入也。

用来帮助端正心志，对外用来区分贵贱；对上用来侍奉宗庙，对下用来教化黎民百姓。琴长八尺一寸，是标准的尺度。琴弦中最粗大的一根是宫弦，位居所有弦的中央，是弦中的君主。商弦布置在它的右侧，其余各弦按粗细依次排列，不失它们的次序，君臣的地位就端正了。所以听宫音，使人品性温和、宽舒而且广大；听商音，使人品性端方、正直而且好义；听角音，使人有恻隐之心而能够爱人；听徵音，使人乐于行善、爱好施舍；听羽音，使人规矩端庄而且爱好礼节。礼是通过外在行为而影响内心的，乐却是从人心中产生的。所以君子不可以片刻离开礼，片刻离开礼就会有蛮横轻慢的行为表现于外；不可以片刻离开乐，片刻离开乐就会在心中产生做奸邪之事的想法。所以乐音，是君子用来修养道义之心的。古时候，天子诸侯听钟磬乐声不曾离开朝堂，卿大夫听琴瑟乐声不曾离开座席，这样来修养行义的品格而防止淫逸行为的发生。淫逸行为产生于无礼的时候，所以圣明的帝王使人耳中听《雅》《颂》的乐声，眼睛看威严的礼节，脚步行止表现出恭敬的容貌，口中谈论仁义的道理。所以君子终日言谈，而邪僻的东西没有机会侵入内心。

律书

帝王制定规则，建立法度，确定万物的度数和准则，一切都依照六律，六律是万事的根本。六律对于兵械尤为重要，所以说"望敌气而知道吉凶，听声音而知道胜负"，这是百代不变的道理。武王伐纣时，太师吹律管听声音，从中可以推断出自孟春至季冬的音律，也有杀气并声而出，而太师吹出来的声音与宫音相合。相同的声音互相应和，这是事物自然的规律，有什么奇怪的呢？

兵器，是圣人用来讨伐强暴，平定乱世，夷除险阻，挽救危殆局面的。下自含齿戴角的兽类，遇到侵犯也会用它的力量反抗，何况是怀有好恶之心、喜怒之气的人呢？喜悦就会有爱心产生，愤怒就会以毒螫相加，这是人天然的性情。

昔日黄帝有过涿鹿之战，以平定炎帝带来的灾害；颛顼有与共工的对阵，以平定少昊氏带来的灾害；成汤在南巢有讨伐桀的战斗，从而平定了夏朝的祸乱。一个接一个交替兴亡，胜者执政主事，是受命

王者制事立法，物度轨则，壹禀于六律，六律为万事根本焉。其于兵械尤所重，故云"望敌知吉凶，闻声效胜负"，百王不易之道也。武王伐纣，吹律听声，推孟春以至于季冬，杀气相并，而音尚宫。同声相从，物之自然，何足怪哉？

兵者，圣人所以讨强暴，平乱世，夷险阻，救危殆。自含血戴角之兽见犯则校，而况于人怀好恶喜怒之气？喜则爱心生，怒则毒螫加，情性之理也。

昔黄帝有涿鹿之战，以定火灾；颛顼有共工之陈，以平水害；成汤有南巢之伐，以殄夏乱。递兴递废，胜者用事，所受于天也。

于上天。

自是之后，名士迭兴，晋用咎犯，而齐用王子，吴用孙武，申明军约，赏罚必信，卒伯诸侯，兼列邦土，虽不及三代之诰誓，然身宠君尊，当世显扬，可不谓荣焉？岂与世儒暗于大较，不权轻重，猥云德化，不当用兵，大至君辱失守，小乃侵犯削弱，遂执不移等哉！故教笞不可废于家，刑罚不可捐于国，诛伐不可偃于天下，用之有巧拙，行之有逆顺耳。

从那以后，名士相继兴起，晋国任用咎犯，而齐国任用王子成父，吴国任用孙武，这些人所在的国家都申明军纪，赏罚必定落实，最终成为诸侯霸主，兼并别国领土，他们自身虽然比不上夏、商、周三代时诰命盟誓的荣耀，但同样身份尊贵，君主尊重，显扬声名于当世，这能不说是荣耀吗？怎能与那些不明大势，不权衡轻重，无力地说以德化世，不应当用兵，结果重者君王受辱、国土失守，轻者遭受侵犯、国势削弱，还固执己见不加变通的一般儒生等同呢？所以家庭不能废除教训用的鞭笞，国家不能舍弃刑罚，天下太平不能没有征伐，只不过用兵有巧妙笨拙之别，行事有顺应或违逆天意民心罢了。

夏桀、殷纣手搏豺狼，足追四马，勇非微也；百战克胜，诸侯慑服，权非轻也。秦二世宿军无用之地，连兵于边陲，力非弱也；结怨匈奴，絓祸於越，势非寡也。及其威尽势极，闾巷之人为敌国。咎生穷武之不知足，甘得之心不息也。

夏桀、殷纣能徒手与豺狼搏斗，徒步追赶四马之车，力量是不弱的；百战百胜，诸侯都恐惧服从，权势是不轻的。秦二世把军队驻扎在不能发挥作用的地方，在边界上用兵，力量是不弱的；与匈奴结怨，同时和越缠斗，势力是不寡弱的。等到他们威势耗尽，闾巷中的平民也成了相当于敌国的势力，因为灾祸生于穷兵黩武不满足，贪得之心不停息。

高祖有天下，三边外畔；大国之王虽称蕃辅，臣节未尽。会高祖厌苦军事，亦有萧、张

高祖统一天下，三方边境都有外部叛乱；大国的诸侯王虽然称为藩辅，但没有尽到做臣属的礼节。正赶上高祖厌倦军事

行动，而且还可以依靠萧何、张良的计谋，所以停止用武，专心休养生息，对外族只是笼络约束，而不加防备。

直到孝文帝即位，将军陈武等人建议说："南越、朝鲜，自从秦朝统一时就内属为臣子，后来又拥兵据守险要地带，蠢蠢欲动地观望，想进犯中原。高祖时天下刚刚平定，人民刚有些安稳，不可以再兴兵。如今陛下仁德惠爱，安抚百姓，恩德加于海内，应当趁着士卒民众乐于为陛下所用的机会，征讨叛逆的党徒，来统一天下。"孝文帝说："我从小到大，想不到有一天会成为天子。赶上吕氏之乱，功臣和宗室都认为让我即位不算是羞耻，阴差阳错地使我居于皇帝大位，我常战战兢兢，唯恐国事没能有好的结果。况且兵器是凶恶的器械，虽然能达到所希望的目的，但动用起来也是有耗费国力的弊病，怎能让百姓去远方征讨呢？而且先帝知道劳乏的百姓不可去烦扰，所以不希望用兵。我哪里是有能力的天子呢？如今匈奴入侵内地，军官士吏御敌没有功劳，边境上民众父子扛着武器的日子也已经很长，我常常为此感到不安和痛苦，没有一天忘记这些。如今没能解除边患，但愿暂且固守边疆，设置斥候，缔盟结好，互通使节，使北部边陲得以休养安宁，这样做的功劳已经很多了。暂且不要再议论兴兵之事。"所以百

之谋，故偃武一休息，羁縻不备。

历至孝文即位，将军陈武等议曰："南越、朝鲜自全秦时内属为臣子，后且拥兵阻厄，选蠕观望。高祖时天下新定，人民小安，未可复兴兵。今陛下仁惠抚百姓，恩泽加海内，宜及士民乐用，征讨逆党，以一封疆。"孝文曰："朕能任衣冠，念不到此。会吕氏之乱，功臣宗室共不羞耻，误居正位，常战战栗栗，恐事之不终。且兵凶器，虽克所愿，动亦耗病，谓百姓远方何？又先帝知劳民不可烦，故不以为意。朕岂自谓能？今匈奴内侵，军吏无功，边民父子荷兵日久，朕常为动心伤痛，无日忘之。今未能销距，愿且坚边设候，结和通使，休宁北陲，为功多矣。且无议军。"故百姓无内外之繇，得息肩于田亩，天下殷富，粟至十余钱，鸣鸡吠狗，烟火万里，可谓和乐者乎！

太史公曰：文帝时，会天下新去汤火，人民乐业，因其欲然，能不扰乱，故百姓遂安。自年六七十翁亦未尝至市井，游敖嬉戏如小儿状。孔子所称有德君子者邪！

《书》曰七正，二十八舍。律历，天所以通五行八正之气，天所以成孰万物也。舍者，日月所舍。舍者，舒气也。

不周风居西北，主杀生。东壁居不周风东，主辟生气而东之。至于营室。营室者，主营胎阳气而产之。东至于危。危，垝也。言阳气之垝，故曰危。十月也，律中应钟。应钟者，阳气之应，不用事也。其于十二子为亥。亥者，该也。言阳气藏于下，故该也。

广莫风居北方。广莫者，言阳气在下，阴莫阳广大也，故

姓没有国内外的徭役，能轻松地在田亩中劳作，天下殷实富足，一石粮食只值十几文钱，鸡鸣狗吠之声相闻，炊烟连绵万里，可以说是和平安乐的景象啊！

太史公说：文帝时，正赶上天下刚从水深火热中解脱出来，人民安居乐业，就顺着他们的意愿，能够不去扰乱百姓，所以百姓都能安宁地生活。连六七十岁的老翁也不曾到过市井，他们游玩嬉戏，像小孩子一样。孝文帝就是孔子所称道的有德君子吧！

《律书》说日月五星这七正运行于二十八舍之中。律历，是上天用来沟通五行、八正之气的，是上天用来产生和养育万物的。舍，是日月经过的地方。舍，是舒口气的意思。

不周风在西北方，主管杀生。壁宿在不周风以东，主管开辟生长之气，使它向东行，到达营室。营室，主管胎育阳气，使其产生。向东到达危宿。危，是毁坏的意思，说的是阳气的毁坏，所以称为危。十月，在音律中与应钟相对应。应钟，就是阳气的反应，阳气此时还不主事。应钟在十二地支中与亥相对应。亥，就是隔阂的意思。说的是阳气藏在下面，所以说有隔阂。

广莫风在北方。广莫，是说阳气在下，阴气没有阳气广大，所以称为广莫。向东

到达虚宿。虚，是指能实能虚，是说阳气冬季就蕴藏在虚宿，到冬至日则一分阴气向下隐藏，一分阳气向上舒展，所以称为虚。向东到达须女。须女是说万物在其处所发生变动，阴阳二气没有分离，还在共同作用，所以称为须女。十一月，在音律中与黄钟相对应。黄钟，意思是阳气跟随黄泉而出。黄钟在十二地支中与子相对应。子，是滋生的意思；滋，是说万物滋长于下面。黄钟在十天干中与壬癸相对应。壬之意为任，是说阳气在下面承担着孕育万物的重任。癸之意为揆，是说万物可以揆度，所以称为癸。向东到达牵牛。牵牛，是说阳气牵引万物而出。牛，是冒的意思，是说土地虽冻，万物也能冒出地面生长。牛，是耕耘种植万物的意思。向东到达建星。建星，是建立诸多生命的意思。十二月，在音律中与大吕相对应。大吕，在十二地支中与丑相对应。

条风在东北，主管万物的出现。条的意思是有条理地治理万物，使它们产生，所以称为条风。向南到达箕宿。箕，是说万物的根基，所以称为箕。正月，在音律中与泰蔟相对应。泰蔟，是说万物簇拥生长，所以称为泰蔟。它在十二地支中与寅相对应。寅是说万物开始生长时蠕动的样子，所以称为寅。向南到达尾宿。尾是说万物开始生长时像尾巴一样。向南到达心

曰广莫。东至于虚。虚者，能实能虚，言阳气冬则宛藏于虚，日冬至则一阴下藏，一阳上舒，故曰虚。东至于须女。言万物变动其所，阴阳气未相离，尚相胥如也，故曰须女。十一月也，律中黄钟。黄钟者，阳气踵黄泉而出也。其于十二子为子。子者，滋也；滋者，言万物滋于下也。其于十母为壬癸。壬之为言任也，言阳气任养万物于下也。癸之为言揆也，言万物可揆度，故曰癸。东至牵牛。牵牛者，言阳气牵引万物出之也。牛者，冒也，言地虽冻，能冒而生也。牛者，耕植种万物也。东至于建星。建星者，建诸生也。十二月也，律中大吕。大吕者，其于十二子为丑。

条风居东北，主出万物。条之言条治万物而出之，故曰条风。南至于箕。箕者，言万物根棋，故曰箕。正月也，律中泰蔟。泰蔟者，言万物蔟生也，故曰泰蔟。其于十二子为寅。寅言万物始生蚓然也，故曰寅。南至于尾，言万物始生如尾也。南至于心，言万物始生有华心

也。南至于房。房者，言万物
门户也，至于门则出矣。

明庶风居东方。明庶者，
明众物尽出也。二月也，律中
夹钟。夹钟者，言阴阳相夹厕也。
其于十二子为卯。卯之为言茂
也，言万物茂也。其于十母为
甲乙。甲者，言万物剖符甲而
出也；乙者，言万物生轧轧也。
南至于氐。氐者，言万物皆至也。
南至于亢。亢者，言万物亢见也。
南至于角。角者，言万物皆有
枝格如角也。三月也，律中姑洗。
姑洗者，言万物洗生。其于十二
子为辰。辰者，言万物之蜄也。

清明风居东南维，主风吹
万物而西之。至于轸。轸者，
言万物益大而轸轸然。西至
于翼。翼者，言万物皆有羽翼
也。四月也，律中中吕。中吕
者，言万物尽旅而西行也。其
于十二子为巳。巳者，言阳气
之巳尽也。西至于七星。七星者，
阳数成于七，故曰七星。西至
于张。张者，言万物皆张也。
西至于注。注者，言万物之始
衰，阳气下注，故曰注。五月也，

宿。心是说万物开始生长时有像花一样的
顶心。向南到达房宿。房，是说万物的门
户，到达门前就要出去了。

明庶风在东方。明庶，表明万物全都
已经萌发。二月，在音律中与夹钟相对应。
夹钟，是说阴阳二气相夹杂。它在十二地
支中与卯相对应。卯的意思是茂，是说万
物生长茂盛。它在十天干中与甲乙相对应。
甲，是万物冲破种子皮壳而萌发出来；乙，
是万物生长轧轧作响的样子。向南到达氐
宿。氐，是说万物都已抵达。向南到达亢
宿。亢，是说万物都已显现。向南到达角宿。
角，是说万物都有像角一样的枝杈。三月，
在十二律中与姑洗相对应。姑洗，是说万
物初生光鲜如洗。它在十二地支中与辰相
对应。辰，是说万物都已振兴。

清明风在东南方，主管以风吹动万物，
使它们向西发展。到达轸宿。轸，是说万
物更加壮大而茂盛的样子。向西到达翼宿。
翼，是说万物都有羽翼。四月，在十二律
中与中吕相对应。中吕，是万物全都向西
行进的意思。它在十二地支中与巳相对应。
巳，是说阳气已经尽了。向西到达七星。
七星，是说阳数为七，所以称为七星。向
西到达张宿。张，是说万物都已张大。向
西到达注。注，是说万物开始衰落，阳气
向下灌注，所以称为注。五月，在音律中
与蕤宾相对应。蕤宾，是说阴气幼弱，所

以称为蕤；衰竭的阳气不能主事，所以称为宾。

景风在南方。景，是说阳气之道已尽，所以称为景风。它在十二地支中与午相对应。午，是阴阳相交之意，所以称为午。它在十天干中与丙丁相对应。丙，是说阳道彪炳显著，所以称为丙；丁，是说万物已长成丁壮，所以称为丁。向西到达弧宿。弧，是说万物凋落，就要死去。向西到达狼宿。狼，是说万物都可以度量，量断万物，所以称为狼。

凉风在西南方，主管土地。地，是沉夺万物之气的意思。六月，在十二律中与林钟相对应。林钟，是说万物走向死亡的气息已经浓重的样子。它在十二地支中与未相对应。未，是说万物都已成熟，有滋味了。向北到达罚宿。罚，是说万物气势已成，可以砍伐了。向北到达参宿。参是说万物可以参验，所以称为参。七月，在音律中与夷则相对应。夷则，是说阴气损害万物。它在十二地支中与申相对应。申，是说阴气主事，一直损害万物，所以称为申。向北到达浊宿，浊是触的意思，是说万物都触阴气而死，所以称为浊。向北到达留宿。留，是说阳气稽留没有散尽，所以称为留。八月，在十二律中与南吕相对应。南吕，是说阳气已深藏起来。它在十二地支中与酉相对应。酉，是说万物衰老，所

律中蕤宾。蕤宾者，言阴气幼少，故曰蕤；痿阳不用事，故曰宾。

景风居南方。景者，言阳气道竟，故曰景风。其于十二子为午。午者，阴阳交，故曰午。其于十母为丙丁。丙者，言阳道著明，故曰丙；丁者，言万物之丁壮也，故曰丁。西至于弧。弧者，言万物之吴落且就死也。西至于狼。狼者，言万物可度量，断万物，故曰狼。

凉风居西南维，主地。地者，沉夺万物气也。六月也，律中林钟。林钟者，言万物就死气林林然。其于十二子为未。未者，言万物皆成，有滋味也。北至于罚。罚者，言万物气夺可伐也。北至于参。参言万物可参也，故曰参。七月也，律中夷则。夷则，言阴气之贼万物也。其于十二子为申。申者，言阴用事，申贼万物，故曰申。北至于浊。浊者，触也，言万物皆触死也，故曰浊。北至于留。留者，言阳气之稽留也，故曰留。八月也，律中南吕。南吕者，言阳气之旅入藏也。其于十二子为酉。酉者，万物之老也，故曰酉。

以称为酉。

阊阖风居西方。阊者，倡也；阖者，藏也。言阳气道万物，阖黄泉也。其于十母为庚辛。庚者，言阴气庚万物，故曰庚；辛者，言万物之辛生，故曰辛。北至于胃。胃者，言阳气就藏，皆胃胃也。北至于娄。娄者，呼万物且内之也。北至于奎。奎者，主毒螫杀万物也，奎而藏之。九月也，律中无射。无射者，阴气盛用事，阳气无余也，故曰无射。其于十二子为戌。戌者，言万物尽灭，故曰戌。

阊阖风在西方。阊，是倡导的意思；阖，是闭藏的意思。这是说阳气倡导万物，藏于黄泉之下。它在十天干中与庚辛相对应。庚，是说阴气变更万物，所以称为庚；辛，是说万物辛苦生存，所以称为辛。向北到达胃宿。胃，是说阳气被收藏，都聚缩起来了。向北到达娄宿。娄，就是呼唤万物并把它们纳入内的意思。向北到达奎宿。奎，主管以毒螫杀万物，进而深藏起来。九月，在音律中与无射相对应。无射，就是阴气正盛，主宰事物，阳气隐藏无余，所以称为无射。它在十二地支中与戌相对应。戌，是说万物全都灭亡，所以称为戌。

律数：

九九八十一以为宫。三分去一，五十四以为徵。三分益一，七十二以为商。三分去一，四十八以为羽。三分益一，六十四以为角。

律数：

九九八十一之数为宫声律数。将八十一分为三份，除去一份，剩下五十四，就是徵声律数。将五十四分为三份，加上一份，得到的七十二就是商声律数。将七十二分为三份，除去一份，剩下的四十八就是羽声律数。将四十八分为三份，加上一份，得到的六十四就是角声律数。

黄钟长八寸七分一为宫。大吕长七寸五分三分一。太蔟长七寸七分二，角。夹钟长六寸一分三分一。姑洗长六寸七分四，羽。仲吕长五寸九分三分二，徵。蕤宾长五寸六分三

黄钟的长度为八寸七分寸之一，其声为宫。大吕的长度为七寸五又三分之一。太蔟的长度为七寸七分寸之二，为角声。夹钟的长度为六寸一又三分之一。姑洗的长度为六寸七分寸之四，为羽声。仲吕的长度为五寸九又三分之二分，为徵声。蕤

宾的长度为五寸六又三分之一分。林钟的长度为五寸七分寸之四，为角声。夷则的长度为五寸四又三分之二分，为商声。南吕的长度为四寸七分寸之八，为徵声。无射的长度为四寸四又三分之二分。应钟的长度为四寸二又三分之二，为羽声。

生钟律数的方法：

子为一分。丑为子的三分之二。寅为子的九分之八。卯为子的二十七分之十六分。辰为子的八十一分之六十四。巳为子的二百四十三分之一百二十八。午为子的七百二十九分之五百一十二。未为子的二千一百八十七分之一千零二十四。申为子的六千五百六十一分之四千零九十六。酉为子的一万九千六百八十三分之八千一百九十二。戌为子的五万九千零四十九分之三万二千七百六十八。亥为子的十七万七千一百四十七分之六万五千五百三十六。

产生钟律的方法是：由长律管生短律管，将分子加倍，分母乘三。由短律管生长律管，将分子乘四，分母乘三。数最大为九，音数为五，所以以宫为五；宫生徵，以徵为九；徵生商，以商为八；商生羽，以羽为七；羽生角，以角为六。以"生钟律数"中的黄钟大数十七万余为分子，另把一枚算筹放置在算盘上，用三去乘，一乘得三，再乘得九，依次乘下去，直乘到

分一。林钟长五寸七分四，角。夷则长五寸四分三分二，商。南吕长四寸七分八，徵。无射长四寸四分三分二。应钟长四寸二分三分二，羽。

生钟分：

子一分。丑三分二。寅九分八。卯二十七分十六。辰八十一分六十四。巳二百四十三分一百二十八。午七百二十九分五百一十二。未二千一百八十七分一千二十四。申六千五百六十一分四千九十六。酉一万九千六百八十三分八千一百九十二。戌五万九千四十九分三万二千七百六十八。亥十七万七千一百四十七分六万五千五百三十六。

生黄钟术曰：以下生者，倍其实，三其法。以上生者，四其实，三其法。上九，商八，羽七，角六，宫五，徵九。置一而九三之以为法。实如法，得长一寸。凡得九寸，命曰"黄钟之宫"。故曰音始于宫，穷于角；数始于一，终于十，成于三；气始于冬至，周而复生。

"生钟律数"中的酉数一万九千余。以每次乘得的数为分母，用分母除以分子，得到一些长度为寸的数，直到得到九寸的数为止，将此数命名为"黄钟之宫"。所以说五音由宫声开始，到角声为止；数由一开始，到十终止，变化则由三完成；地气在冬至开始生发，周而复始。

神生于无，形成于有，形然后数，形而成声，故曰神使气，气就形。形理如类有可类。或未形而未类，或同形而同类，类而可班，类而可识。圣人知天地识之别，故从有以至，未有以得，细若气，微若声。然圣人因神而存之，虽妙必效情，核其华道者明矣。非有圣心以乘聪明，孰能存天地之神而成形之情哉？神者，物受之而不能知及其去来，故圣人畏而欲存之。唯欲存之，神之亦存。其欲存之者，故莫贵焉。

精神产生于虚无，而形体则是自有形的物质中产生。有形体然后才有数，有形体才能产生声音。所以说精神产生气，气形成形体。形体的特征如有类别就可以分类。有的没有形体因而不能分类，有的形体相同因而同类，分类后可以排列次序，分类后可以识别万物。圣人了解天地并识别万物，所以能从有形推断无形的东西，从而得到轻细者如气，微小者如声的知识。然而圣人是通过精神来了解万物的，虽然微妙，但一定会在情性中表现出来，核实研究事物的神妙之道让人明了。若没有圣人之心再加上他们的耳聪目明，谁能了解天地间的精神形成形体的情况呢？精神，万物具有它却不知道它的来龙去脉，所以圣人敬畏精神并希望能保留它。唯有想保留它，精神才能被保留。凡是想保留它的人，都认为没什么比尊重它更重要。

太史公曰：在旋玑玉衡以齐七政，即天地二十八宿。十母，

太史公说：以璇、玑、玉衡整齐日月五星，还有天地、二十八宿。十天干和

十二地支与钟律的关系自上古起就已经调配。建立律制，运算历法，编制日月度数，之后就可以依据这些度量了。事物运行符合规律，树立道理与品德的观念，就是从遵循律历法度开始的。

十二子，钟律调自上古。建律运历造日度，可据而度也。合符节，通道德，即从斯之谓也。

史记卷二十六
书第四

历书

从前在上古的时候，历法以孟春月作为正月。此时冰雪消融，蛰虫苏醒过来，百草萌发新芽，杜鹃鸟最先啼鸣。万物都长了一岁，它们新的一岁从春天开始，顺次经历四季，止于冬尽春初。雄鸡三鸣，天就明了。经过了十二个月的节气，直到丑月结束。日、月的时间制定完成，所以时间就明了了。明就是孟的意思，幽即幼，幽明就是指雌雄。雌雄交替出现，合乎正当的秩序。太阳落于西方，自东方升起；残月落于东方，新月自西方出现。政事不顺应天时，又不顺应人心，因此凡事都容易失败而难以成功了。

帝王改朝换代膺受天命，一开始一定十分慎重，所以要更改历法，改变服装的颜色，推究天体运行的规律，以顺承上天的旨意。

太史公说：神农以前的事太久远了。大概黄帝时考察星度，制定历法，建立了五行序列，确立起阴阳死生消长的规律，纠正了闰月余分数值的大小，于是有了分

昔自在古，历建正作于孟春。于时冰泮发蛰，百草奋兴，秭鸠先滜。物乃岁具，生于东，次顺四时，卒于冬分。时鸡三号，卒明。抚十二节，卒于丑。日月成，故明也。明者孟也，幽者幼也，幽明者雌雄也，雌雄代兴，而顺至正之统也。日归于西，起明于东；月归于东，起明于西。正不率天，又不由人，则凡事易坏而难成矣。

王者易姓受命，必慎始初，改正朔，易服色，推本天元，顺承厥意。

太史公曰：神农以前尚矣。盖黄帝考定星历，建立五行，起消息，正闰余，于是有天地神祇物类之官，是谓五官。

各司其序，不相乱也。民是以能有信，神是以能有明德。民神异业，敬而不渎，故神降之嘉生，民以物享，灾祸不生，所求不匮。

少皞氏之衰也，九黎乱德，民神杂扰，不可放物，祸灾荐至，莫尽其气。颛顼受之，乃命南正重司天以属神，命火正黎司地以属民，使复旧常，无相侵渎。

其后三苗服九黎之德，故二官咸废所职，而闰余乖次，孟陬殄灭，摄提无纪，历数失序。尧复遂重、黎之后不忘旧者，使复典之，而立羲、和之官。明时正度，则阴阳调，风雨节，茂气至，民无夭疫。年耆禅舜，申戒文祖，云"天之历数在尔躬"。舜亦以命禹。由是观之，王者所重也。

夏正以正月，殷正以十二月，周正以十一月。盖三王之

管天地神祇和万物的官员，称为五官。他们各自掌管事务，不相混淆。民众因此能够有所信赖，神灵因此能够有所明德。民众和神灵各有不同的职责，虔敬而不亵渎，所以神灵给百姓降下好年景，百姓以物产献祭，因而灾祸不生，所祈求的东西不会匮乏。

少皞氏衰微时，九黎作乱，民与神杂乱纷扰，没有了区分的依据，灾祸接连发生，没有人能享尽天年。颛顼即帝位后，就任命南正重掌管天事，负责祭神；命火正黎掌管地事，负责民事，使得一切回归原来的秩序，神与民相互不侵扰杂乱。

这以后三苗随从九黎一起作乱，所以重、黎二官荒废了自己所职掌之事，而使闰余的安排错乱，正月的设置也与正岁不合，摄提星所指方位没有了规律，历数也没有了秩序。尧帝时又举荐重、黎的后代中不忘旧业的人，使他们再掌管这个职务，又设立了羲氏、和氏的官职。阐明天时，匡正历法，则阴阳调和，风雨有度，兴旺之气降临，人民没有夭亡和疾疫。尧年老后禅位给舜，在文祖庙中告诫舜，说"按天体运行规律制定历法的重任就在你的身上"。舜也以这话告诫禹，由此看来，历法是帝王所注重的事。

夏朝建正之月为正月，殷朝建正之月为十二月，周朝建正之月为十一月。大概

三代的建正之月就像循环一样，周而复始。天下治理得好，就不会失去纲纪次序；治理得不好，诸侯就不会执行天子制定的历法。

周幽王、周厉王以后，周室衰微，诸侯国的卿大夫执掌国政，史官不记时日，君王不再行告朔礼，所以历算世家的子弟纷纷出走，有的去了中原各国，有的去了夷狄，因此祝祷祭祀的制度荒废不行。周襄王二十六年有闰三月，《春秋》非议这种做法不当。先王制定历法的规则是先定历元和年、月、日等开始的时刻，再由中气纠正十二月的位置，有日月余分则归于年末。开始的时刻确定了，接续下来的四时等也无误；中间设立正确的标准，百姓才不会迷惑；余分归入年末，诸事才不悖乱。

这以后战国纷争，各国的目的都是强国胜敌、挽救危机、解决纠纷罢了，哪里顾得上制定历法的事啊！这时只有邹衍，懂得五德终始的学说，而且散布阴阳消长的理论，显名于诸侯。同时也因秦灭六国，战争频繁，又因秦一统天下的时日短，也无暇顾及历法的事。但秦颇为推崇五行相胜的学说，而且自认为获得了水德的祥瑞，把黄河更名为"德水"，而以十月为岁首，崇尚黑色。然而推算历法、星度、闰月、余分之事，没能看到相关的详细资料。

汉朝兴建，高祖说："北畤等待我来

正若循环，穷则反本。天下有道，则不失纪序；无道，则正朔不行于诸侯。

幽、厉之后，周室微，陪臣执政，史不记时，君不告朔，故畴人子弟分散，或在诸夏，或在夷狄，是以其机祥废而不统。周襄王二十六年闰三月，而《春秋》非之。先王之正时也，履端于始，举正于中，归邪于终。履端于始，序则不愆；举正于中，民则不惑；归邪于终，事则不悖。

其后战国并争，在于强国禽敌，救急解纷而已，岂遑念斯哉！是时独有邹衍，明于五德之传，而散消息之分，以显诸侯。而亦因秦灭六国，兵戎极烦，又升至尊之日浅，未暇遑也。而亦颇推五胜，而自以为获水德之瑞，更名河曰"德水"，而正以十月，色上黑。然历度闰余，未能睹其真也。

汉兴，高祖曰："北畤待

我而起。"亦自以为获水德之瑞。虽明习历及张苍等，咸以为然。是时天下初定，方纲纪大基，高后女主，皆未遑，故袭秦正朔服色。

至孝文时，鲁人公孙臣以终始五德上书，言："汉德土德，宜更元，改正朔，易服色。当有瑞，瑞黄龙见。"事下丞相张苍，张苍亦学律历，以为非是，罢之。其后黄龙见成纪，张苍自黜，所欲论著不成。而新垣平以望气见，颇言正历服色事，贵幸，后作乱，故孝文帝废不复问。

至今上即位，招致方士，唐都分其天部，而巴落下闳运算转历，然后日辰之度与夏正同，乃改元，更官号，封泰山。因诏御史曰："乃者，有司言星度之未定也，广延宣问，以理星度，未能詹也。盖闻昔者黄帝合而不死，名察度验，定清浊，起五部，建气物分数。然盖尚矣。书缺乐弛，朕甚闵焉。朕唯未能循明也，紬绩日分，率应水德之胜。今日顺夏至，

兴建。"也自认为获得了水德的祥瑞。即使是明习历法的张苍等人，也都认为应该如此。这时天下刚刚安定，正在建设纲纪等基础之事，高后作为女主，也顾不上这件事，所以沿袭了秦的历法和服色。

到孝文帝时，鲁国人公孙臣以五德终始的学说上书，说："汉朝所得是土德，应该改元，更改历法，变换服色。应当会有祥瑞，祥瑞即黄龙出现。"文帝把这件事交给丞相张苍处理，张苍也学习律历，认为他说得不对，就中止了这件事。这以后有黄龙在成纪出现，张苍自请辞官，他想论述著书，也没有成功。又有新垣平以观望云气的方术得见天子，说了很多改正历法和改易服色的事，受到皇上信任，后来此人作乱，所以孝文帝不再过问这件事。

到当今皇上即位，招致方士，唐都负责确定二十八宿的距度；而巴郡的落下闳演算历法，然后日辰星度数得以与夏历相同。于是改定纪元，更改官名，封祭泰山。于是下诏御史说："从前，主管官员说星度还没测定，广泛地征求询问，还是没能厘清。听说昔日黄帝的圣德与神灵相合因而不死，便察定星名，检验度数，审定五音清浊高低，确立起四时与五行的关系，建立了节气的日分余数。然而已经很久远了。如今典籍缺佚，乐律废弛，朕深感惋惜。只是朕无力把它们修订完善，现在造历者

推算日分，全都与能胜过水德的土德相合。如今临近夏至，以黄钟为宫声，林钟为徵声，太蔟为商声，南吕为羽声，姑洗为角声。从此以后，节气的时间恢复正常，羽声恢复清越的音调，名称也回到与实际相当，以子日作为冬至日，那么阴阳离合的规律就能得以运行了。已经算得十一月甲子日夜半时为朔日冬至，更定元封七年为太初元年。年名为'焉逢摄提格'，月名为'毕聚'，日名为甲子，朔日夜半时为冬至。"

历术甲子篇

太初元年，岁名为"焉逢摄提格"，月名为"毕聚"，日名为甲子，朔日夜半时为冬至。

冬至在子时，方位为正北

本年十二个月　按朔法没有大余，没有小余；按至法没有大余，没有小余；太初元年，即甲寅年。

本年十二个月　按朔法大余为五十四日，小余为三百四十八分；按至法大余为五日，小余为八分；太初二年，即乙卯年。

本年闰年，有十三个月　按朔法大余为四十八日，小余为六百九十六分；按至法大余为十日，小余为十六分；太初三年，即丙辰年。

本年十二个月　按朔法大余为十二日，小余为六百零三分；按至法大余为十五日，小余为二十四分；太初四年，即丁巳年。

黄钟为宫，林钟为徵，太蔟为商，南吕为羽，姑洗为角。自是以后，气复正，羽声复清，名复正变，以至子日当冬至，则阴阳离合之道行焉。十一月甲子朔旦冬至已詹，其更以七年为太初元年。年名'焉逢摄提格'，月名'毕聚'，日得甲子，夜半朔旦冬至。"

历术甲子篇

太初元年，岁名"焉逢摄提格"，月名"毕聚"，日得甲子，夜半朔旦冬至。

正北

十二　无大余，无小余；无大余，无小余；焉逢摄提格太初元年。

十二　大余五十四，小余三百四十八；大余五，小余八；端蒙单阏二年。

闰十三　大余四十八，小余六百九十六；大余十，小余十六；游兆执徐三年。

十二　大余十二，小余六百三；大余十五，小余二十四；强梧大荒落四年。

十二　大余七，小余十
一；大余二十一，无小余；徒
维敦牂天汉元年。

闰十三　大余一，小余
三百五十九；大余二十六，小
余八；祝犁协洽二年。

十二　大余二十五，小余
二百六十六；大余三十一，小
余十六；商横涒滩三年。

十二　大余十九，小余
六百一十四；大余三十六，小
余二十四；昭阳作鄂四年。

闰十三　大余十四，小余
二十二；大余四十二，无小
余；横艾淹茂太始元年。

十二　大余三十七，小余
八百六十九；大余四十七，小
余八；尚章大渊献二年。

闰十三　大余三十二，小
余二百七十七；大余五十二，
小余一十六；焉逢困敦三年。

十二　大余五十六，小余

本年十二个月　按朔法大余为七日，
小余为十一分；按至法大余为二十一日，
没有小余；天汉元年，即戊午年。

本年闰年，有十三个月　按朔法大余
为一日，小余为三百五十九分；按至法大
余为二十六日，小余为八分；天汉二年，
即己未年。

本年十二个月　按朔法大余为二十五
日，小余为二百六十六分；按至法大余为
三十一日，小余为十六分；天汉三年，即
庚申年。

本年十二个月　按朔法大余为十九
日，小余为六百一十四分；按至法大余
为三十六日，小余为二十四分；天汉四年，
即辛酉年。

本年闰年，有十三个月　按朔法大余
为十四日，小余为二十二分；按至法大余
为四十二日，没有小余；太始元年，即壬
戌年。

本年十二个月　按朔法大余为三十七
日，小余为八百六十九分；按至法大余为
四十七日，小余为八分；太始二年，即癸
亥年。

本年闰年，有十三个月　按朔法大余
为三十二日，小余为二百七十七分；按至
法大余为五十二日，小余为十六分；太始
三年，即甲子年。

本年十二个月　按朔法大余为五十六

日，小余为一百八十四分；按至法大余为五十七日，小余为二十四分；太始四年，即乙丑年。

一百八十四；大余五十七，小余二十四；端蒙赤奋若四年。

本年十二个月　按朔法大余为五十日，小余为五百三十二分；大余为三日，没有小余；征和元年，即丙寅年。

十二　大余五十，小余五百三十二；大余三，无小余；游兆摄提格征和元年。

本年闰年，有十三个月　按朔法大余为四十四日，小余为八百八十分；按至法大余为八日，小余为八分；征和二年，即丁卯年。

闰十三　大余四十四，小余八百八十；大余八，小余八；强梧单阏二年。

本年十二个月　按朔法大余为八日，小余为七百八十七分；按至法大余为十三日，小余为十六分；征和三年，即戊辰年。

十二　大余八，小余七百八十七；大余十三，小余十六；徒维执徐三年。

本年十二个月　按朔法大余为三日，小余为一百九十五分；按至法大余为十八日，小余为二十四分；征和四年，即己巳年。

十二　大余三，小余一百九十五；大余十八，小余二十四；祝犁大荒落四年。

本年闰年，有十三个月　按朔法大余为五十七日，小余为五百四十三分；按至法大余为二十四日，没有小余；后元元年，即庚午年。

闰十三　大余五十七，小余五百四十三；大余二十四，无小余；商横敦牂后元元年。

本年十二个月　按朔法大余为二十一日，小余为四百五十分；按至法大余为二十九日，小余为八分；后元二年，即辛未年。

十二　大余二十一，小余四百五十；大余二十九，小余八；昭阳汁洽二年。

本年闰年，有十三个月　按朔法大余为十五日，小余为七百九十八分；按至法

闰十三　大余十五，小余七百九十八；大余三十四，小

余十六；横艾涒滩始元元年。

十二 大余三十九，小余
七百五；大余三十九，小余
二十四；尚章作噩二年。

十二 大余三十四，小余
一百一十三；大余四十五，无
小余；焉逢淹茂三年。

闰十三 大余二十八，小
余四百六十一；大余五十，小
余八；端蒙大渊献四年。

十二 大余五十二，小余
三百六十八；大余五十五，小
余十六；游兆困敦五年。

十二 大余四十六，小余
七百一十六；无大余，小余
二十四；强梧赤奋若六年。

闰十三 大余四十一，小
余一百二十四；大余六，无小
余；徒维摄提格元凤元年。

十二 大余五，小余三十

大余为三十四日，小余为十六分；始元元
年，即壬申年。

冬至在酉时，方位为正西

本年十二个月 按朔法大余为三十九
日，小余为七百零五分；按至法大余为
三十九日，小余为二十四分；始元二年，
即癸酉年。

本年十二个月 按朔法大余为三十四
日，小余为一百一十三分；按至法大余为
四十五日，没有小余；始元三年，即甲
戌年。

本年闰年，十三个月 按朔法大余为
二十八日，小余为四百六十一分；按至法
大余为五十日，小余为八分；始元四年，
即乙亥年。

本年十二个月 按朔法大余为五十二
日，小余为三百六十八分；按至法大余为
五十五日，小余为十六分；始元五年，即
丙子年。

本年十二个月 按朔法大余为四十六
日，小余为七百一十六分；按至法没有大
余，小余为二十四分；始元六年，即丁
丑年。

本年闰年，有十三个月 按朔法大余
为四十一日，小余为一百二十四分；按至
法大余为六日，没有小余；元凤元年，即
戊寅年。

本年十二个月 按朔法大余为五日，

小余三十一分；按至法大余为十一日，小余为八分；元凤二年，即己卯年。

本年十二个月 按朔法大余为五十九日，小余为三百七十九分；按至法大余为十六日，小余为十六分；元凤三年，即庚辰年。

本年闰年，有十三个月 按朔法大余为五十三日，小余为七百二十七分；按至法大余为二十一日，小余为二十四分；元凤四年，即辛巳年。

本年十二个月 按朔法大余为十七日，小余为六百三十四分；按至法大余为二十七日，没有小余；元凤五年，即壬午年。

本年闰年，有十三个月 按朔法大余为十二日，小余为四十二分；按至法大余为三十二日，小余为八分；天凤六年，即癸未年。

本年十二个月 按朔法大余为三十五日，小余为八百八十九分；按至法大余为三十七日，小余为十六分；元平元年，即甲申年。

本年十二个月 按朔法大余为三十日，小余为二百九十七分；按至法大余为四十二日，小余为二十四分；本始元年，即乙酉年。

本年闰年，有十三个月 按朔法大余为二十四日，小余为六百四十五分；按至

一；大余十一，小余八；祝犁单阏二年。

十二 大余五十九，小余三百七十九；大余十六，小余十六；商横执徐三年。

闰十三 大余五十三，小余七百二十七；大余二十一，小余二十四；昭阳大荒落四年。

十二 大余十七，小余六百三十四；大余二十七，无小余；横艾敦牂五年。

闰十三 大余十二，小余四十二；大余三十二，小余八；尚章汁洽六年。

十二 大余三十五，小余八百八十九；大余三十七，小余十六；焉逢涒滩元平元年。

十二 大余三十，小余二百九十七；大余四十二，小余二十四；端蒙作噩本始元年。

闰十三 大余二十四，小余六百四十五；大余四十八，

无小余；游兆阉茂二年。

十二　大余四十八，小余五百五十二；大余五十三，小余八；强梧大渊献三年。

十二　大余四十二，小余九百；大余五十八，小余十六；徒维困敦四年。

闰十三　大余三十七，小余三百八；大余三，小余二十四；祝犁赤奋若地节元年。

十二　大余一，小余二百一十五；大余九，无小余；商横摄提格二年。

闰十三　大余五十五，小余五百六十三；大余十四，小余八；昭阳单阏三年。

正南

十二　大余十九，小余四百七十；大余十九，小余十六；横艾执徐四年。

十二　大余十三，小余八百一十八；大余二十四，小余二十四；尚章大荒落元康元年。

法大余为四十八日，没有小余；本始二年，即丙戌年。

本年十二个月　按朔法大余为四十八日，小余为五百五十二分；按至法大余为五十三日，小余为八分；本始三年，即丁亥年。

本年十二个月　按朔法大余为四十二日，小余为九百分；按至法大余为五十八日，小余为十六分；本始四年，即戊子年。

本年闰年，有十三个月　按朔法大余为三十七日，小余为三百零八分；按至法大余为三日，小余为二十四分；地节元年，即己丑年。

本年十二个月　按朔法大余为一日，小余为二百一十五分；按至法大余为九日，没有小余；地节二年，即庚寅年。

本年闰年，有十三个月　按朔法大余为五十五日，小余为五百六十三分；按至法大余为十四日，小余为八分；地节三年，即辛卯年。

冬至在午时，方位为正南

本年十二个月　按朔法大余为十九日，小余为四百七十分；按至法大余为十九日，小余为十六分；地节四年，即壬辰年。

本年十二个月　按朔法大余为十三日，小余为八百一十八分；按至法大余为二十四日，小余二十四分；元康元年，即癸巳年。

本年闰年，有十三个月　按朔法大余为八日，小余为二百二十六分；按至法大余为三十日，没有小余；元康二年，即甲午年。

本年十二个月　按朔法大余为三十二日，小余为一百三十三分；按至法大余为三十五日，小余为八分；元康三年，即乙未年。

本年十二个月　按朔法大余为二十六日，小余为四百八十一分；按至法大余为四十日，小余为十六分；元康四年，即丙申年。

本年闰年，有十三个月　按朔法大余为二十日，小余为八百二十九分；按至法大余为四十五日，小余为二十四分；神雀元年，即丁酉年。

本年十二个月　按朔法大余为四十四日，小余为七百三十六分；按至法大余为五十一日，没有小余；神雀二年，即戊戌年。

本年十二个月　按朔法大余为三十九日，小余为一百四十四分；按至法大余为五十六日，小余为八分；神雀三年，即己亥年。

本年闰年，有十三个月　按朔法大余为三十三日，小余为四百九十二分；按至法大余为一日，小余为十六分；神雀四年，即庚子年。

闰十三　大余八，小余二百二十六；大余三十，无小余；焉逢敦牂二年。

十二　大余三十二，小余一百三十三；大余三十五，小余八；端蒙协洽三年。

十二　大余二十六，小余四百八十一；大余四十，小余十六；游兆涒滩四年。

闰十三　大余二十，小余八百二十九；大余四十五，小余二十四；强梧作噩神雀元年。

十二　大余四十四，小余七百三十六；大余五十一，无小余；徒维淹茂二年。

十二　大余三十九，小余一百四十四；大余五十六，小余八；祝犁大渊献三年。

闰十三　大余三十三，小余四百九十二；大余一，小余十六；商横困敦四年。

十二　大余五十七，小余三百九十九；大余六，小余二十四；昭阳赤奋若五凤元年。

闰十三　大余五十一，小余七百四十七；大余十二，无小余；横艾摄提格二年。

十二　大余十五，小余六百五十四；大余十七，小余八；尚章单阏三年。

十二　大余十，小余六十二；大余二十二，小余十六；焉逢执徐四年。

闰十三　大余四，小余四百一十；大余二十七，小余二十四；端蒙大荒落甘露元年。

十二　大余二十八，小余三百一十七；大余三十三，无小余；游兆敦牂二年。

十二　大余二十二，小余六百六十五；大余三十八，小余八；强梧协洽三年。

闰十三　大余十七，小余七十三；大余四十三，小余

本年十二个月　按朔法大余为五十七日，小余为三百九十九分；按至法大余为六日，小余为二十四分；五凤元年，即辛丑年。

本年闰年，有十三个月　按朔法大余为五十一日，小余为七百四十七分；按至法大余为十二日，没有小余；五凤二年，即壬寅年。

本年十二个月　按朔法大余为十五日，小余为六百五十四分；按至法大余为十七日，小余为八分；五凤三年，即癸卯年。

本年十二个月　按朔法大余为十日，小余为六十二分；按至法大余为二十二日，小余为十六分；五凤四年，即甲辰年。

本年闰年，有十三个月　按朔法大余为四日，小余为四百一十分；按至法大余为二十七日，小余为二十四分；甘露元年，即乙巳年。

本年十二个月　按朔法大余为二十八日，小余为三百一十七分；按至法大余为三十三日，没有小余；甘露二年，即丙午年。

本年十二个月　按朔法大余为二十二日，小余为六百六十五分；按至法大余为三十八日，小余为八分；甘露三年，即丁未年。

本年闰年，有十三个月　按朔法大余为十七日，小余为七十三分；按至法大余

为四十三日，小余为十六分；甘露四年，即戊申年。

十六；徒维涒滩四年。

本年十二个月　按朔法大余为四十日，小余为九百二十分；按至法大余为四十八日，小余为二十四分；黄龙元年，即己酉年。

十二　大余四十，小余九百二十；大余四十八，小余二十四；祝犁作噩黄龙元年。

本年闰年，有十三个月　按朔法大余为三十五日，小余为三百二十八分；按至法大余为五十四日，没有小余；初元元年，即庚戌年。

闰十三　大余三十五，小余三百二十八；大余五十四，无小余；商横淹茂初元元年。

冬至在卯时，方位为正东

正东

本年十二个月　按朔法大余为五十九日，小余为二百三十五分；按至法大余为五十九日，小余为八分；初元二年，即辛亥年。

十二　大余五十九，小余二百三十五；大余五十九，小余八；昭阳大渊献二年。

本年十二个月　按朔法大余为五十三日，小余为五百八十三分；按至法大余为四日，小余为十六分；初元三年，即壬子年。

十二　大余五十三，小余五百八十三；大余四，小余十六；横艾困敦三年。

本年闰年，有十三个月　按朔法大余为四十七日，小余为九百三十一分；按至法大余为九日，小余为二十四分；初元四年，即癸丑年。

闰十三　大余四十七，小余九百三十一；大余九，小余二十四；尚章赤奋若四年。

本年十二个月　按朔法大余为十一日，小余为八百三十八分；按至法大余为十五日，没有小余；初元五年，即甲寅年。

十二　大余十一，小余八百三十八；大余十五，无小余；焉逢摄提格五年。

本年十二个月　按朔法大余为六日，小余为二百四十六分；按至法大余为二十日，小余为八分；永光元年，即乙卯年。

十二　大余六，小余二百四十六；大余二十，小余八；端蒙单阏永光元年。

闰十三　无大余，小余五百九十四；大余二十五，小余十六；游兆执徐二年。

十二　大余二十四，小余五百一；大余三十，小余二十四；强梧大荒落三年。

十二　大余十八，小余八百四十九；大余三十六，无小余；徒维敦牂四年。

闰十三　大余十三，小余二百五十七；大余四十一，小余八；祝犁协洽五年。

十二　大余三十七，小余一百六十四；大余三十六，小余十六；商横涒滩建昭元年。

闰十三　大余三十一，小余五百一十二；大余五十一，小余二十四；昭阳作噩二年。

十二　大余五十五，小余四百一十九；大余五十七，无小余；横艾阉茂三年。

本年闰年，有十三个月　按朔法没有大余，小余为五百九十四分；按至法大余为二十五天，小余为十六分；永光二年，即丙辰年。

本年十二个月　按朔法大余为二十四日，小余为五百零一分；按至法大余为三十日，小余为二十四分；永光三年，即丁巳年。

本年十二个月　按朔法大余为十八日，小余为八百四十九分；按至法大余为三十六日，没有小余；永光四年，即戊午年。

本年闰年十三个月　按朔法大余十三日，小余二百五十七分；按至法大余四十一日，小余八分；永光五年，即己未年。

本年十二个月　按朔法大余为三十七日，小余为一百六十四分；按至法大余为三十六日，小余为十六分；建昭元年，即庚申年。

本年闰年，有十三个月　按朔法大余为三十一日，小余为五百一十二分；按至法大余为五十一日，小余为二十四分；建昭二年，即辛酉年。

本年十二个月　按朔法大余为五十五日，小余为四百一十九分；按至法大余为五十七日，没有小余；建昭三年，即壬戌年。

本年十二个月 按朔法大余为四十九日，小余为七百六十七分；按至法大余为二日，小余为八分；建昭四年，即癸亥年。

本年闰年，有十三个月 按朔法大余为四十四日，小余为一百七十五分；按至法大余为七日，小余为十六分；建昭五年，即甲子年。

本年十二个月 按朔法大余为八日，小余为八十二分；按至法大余为十二日，小余为二十四分；竟宁元年，即乙丑年。

本年十二个月 按朔法大余为二日，小余为四百三十分；按至法大余为十八日，没有小余；建始元年，即丙寅年。

本年闰年，有十三个月 按朔法大余为五十六日，小余为七百七十八分；按至法大余为二十三日，小余为八分；建始二年，即丁卯年。

本年十二个月 按朔法大余为二十日，小余为六百八十五分；按至法大余为二十八日，小余为十六分；建始三年，即戊辰年。

本年闰年，有十三个月 按朔法大余为十五日，小余为九十三分；按至法大余为三十三日，小余为二十四分；建始四年，即己巳年。

上述《历书》中：大余，是指余日，小余，是指日的余分；端蒙，是年名。地支：丑名赤奋若，寅名摄提格。天干：丙

十二 大余四十九，小余七百六十七；大余二，小余八；尚章大渊献四年。

闰十三 大余四十四，小余一百七十五；大余七，小余十六；焉逢困敦五年。

十二 大余八，小余八十二；大余十二，小余二十四；端蒙赤奋若竟宁元年。

十二 大余二，小余四百三十；大余十八，无小余；游兆摄提格建始元年。

闰十三 大余五十六，小余七百七十八；大余二十三，小余八；强梧单阏二年。

十二 大余二十，小余六百八十五；大余二十八，小余十六；徒维执徐三年。

闰十三 大余十五，小余九十三；大余三十三，小余二十四；祝犁大荒落四年。

右《历书》：大余者，日也；小余者，月也。端蒙者，年名也。支：丑名赤奋若，寅

名摄提格。干：丙名游兆。正北，冬至加子时；正西，加酉时；正南，加午时；正东，加卯时。

名游兆。正北，是指冬至在子时；正西，是指冬至在酉时；正南，是指冬至在午时；正东，是指冬至在卯时。

天官书

中宫的天极星，其中一颗最明亮的，是天神太一经常居住的地方；旁边的三颗星代表三公，有人说是皇子之类的人。后面形如钩状的四颗星，其中最末的一颗大星是正妃，其余三颗星是后宫的嫔妃之类。环绕一周有十二颗匡扶守卫中宫天神的星是藩臣。这一部分称为紫宫。

紫宫前面对着北斗星开口处的三颗星，向北下垂，斗端尖锐，若隐若现，称为阴德，或称为天一。紫宫左边三星称为天枪，右边五颗星称为天棓，后面六颗星横跨天河直抵营室，称为阁道。

北斗有七颗星，《尚书》所说的"璇、玑、玉衡以齐七政"中的"七政"，就是指这七颗星。北斗的斗杓与东方七宿中的角宿相连，斗衡与南斗宿相对，斗魁枕着参宿的头顶。历法上，黄昏时以斗杓所指方位建明四时月份；斗杓，分野与华山西南地区相当。夜半时以斗衡所指方位建明四时月份；斗衡，分野与中州黄河、济水之间的地区相当。黎明时以斗魁所指方位

中宫天极星，其一明者，太一常居也。旁三星三公，或曰子属。后句四星，末大星正妃，余三星后宫之属也。环之匡卫十二星，藩臣。皆曰紫宫。

前列直斗口三星，随北端兑。若见若不，曰阴德，或曰天一。紫宫左三星曰天枪，右五星曰天棓。后六星绝汉抵营室，曰阁道。

北斗七星，所谓"旋、玑、玉衡以齐七政"。杓携龙角。衡殷南斗。魁枕参首。用昏建者杓；杓，自华以西南。夜半建者衡；衡，殷中州河、济之间。平旦建者魁；魁，海、岱以东北也。斗为帝车，运于中央，临制四乡。分阴阳，建四时，均五行，移节度，定诸纪，皆

系于斗。

斗魁戴匡六星曰文昌宫：
一曰上将，二曰次将，三曰贵相，
四曰司命，五曰司中，六曰司
禄。在斗魁中，贵人之牢。魁
下六星，两两相比者，名曰三能。
三能色齐，君臣和；不齐，为
乖戾。辅星明近，辅臣亲强；
斥小，疏弱。

杓端有两星：一内为矛，
招摇；一外为盾，天锋。有句
圜十五星，属杓，曰贱人之牢。
其牢中星实则囚多，虚则开出。

天一、枪、棓、矛、盾动摇，
角大，兵起。

东宫苍龙，房、心。心为
明堂，大星天王，前后星子属。
不欲直，直则天王失计。房为府，
曰天驷。其阴，右骖。旁有两
星曰衿，北一星曰辖。东北曲
十二星曰旗。旗中四星曰天市，

建明四时月份；斗魁，分野与海岱的东北
地区相当。北斗是天帝的辇车，运转于中央，
统治四方。区分阴阳，建明四时，平均五行，
移易节度，审定十二辰纪，全都依靠北斗。

斗魁顶上的六颗星，形状如筐，称
为文昌宫：第一颗叫上将，第二颗叫次
将，第三颗叫贵相，第四颗叫司命，第五
颗叫司中，第六颗叫司禄。在斗魁四星中，
几乎看不见星星，这一片星区是贵人之牢。
斗魁下方有六颗星，两两相近，名叫三能。
三能星颜色相同，表示君臣和谐；不同，
表示君臣乖戾。北斗旁的辅星明亮而靠近，
表示大臣被亲近而势强；辅星远而小，表
示大臣被疏远而势弱。

斗杓的末端有两颗星：一颗靠近北斗
称为矛，就是招摇星；一颗离北斗较远称
为盾，就是天锋星。有连环形的十五颗星，
附属于斗杓，称为贱人之牢。这个牢中的
星多就表示囚犯众多，星稀少就表示囚犯
被开释的多。

天一、枪、棓、矛、盾这些星颤动，
芒角变大，预示将有战乱。

东宫名为苍龙，有房宿和心宿。心宿
代表天王布政的明堂，其中一颗大星是天
王，前后两颗星代表皇子。心宿的三颗星
排列不宜于直，直就表示天王布政失策。
房宿是天府，称为天驷。它的北面有一颗
星是右骖。旁边有两颗星叫衿；北面有一

颗星叫辖。东北弯曲排列有十二颗星叫旗。旗中有四颗星称为天市，中间的六颗星称为市楼。天市中星多就表示国富民丰，星稀少就表示国库缺乏。房宿以南的群星称为骑官。

角宿有二星，左边的叫李，右边的叫将。大角星，是天王大帝的宫廷。它的两旁各有三颗星，鼎足而立如钩状，称为摄提。摄提，正对着斗杓所指的方向，用来明确时节，所以叫"摄提格"。亢宿是天神的外朝，主管疾病。它的南北有两颗大星，称为南门。氐宿是天的根本，主管瘟疫。

尾宿有九颗星，代表君臣；各星若相斥绝远，就表示君臣不和。箕宿为敖客，称为天的口舌。

火星陵犯或守在角宿旁边，就预示有战争发生。守在房宿、心宿附近，是君王所厌恶的事情。

南宫名朱鸟，有权宿和衡宿。衡，是太微垣，是日、月、星三光的宫廷。周围有匡辅和守卫的十二颗星，代表藩臣：西面一星是将，东面一星是相；南面四颗星是执法；中间是端门；端门左右是掖门。门内有六个星座，都表示诸侯。其中一个有五颗星，是五帝坐。诸侯和五帝坐的后面聚集着十五颗星，明亮蔚然，称为郎位；郎位旁有一颗大星，是将位。月与五星由西向东顺行进入太微垣，循轨道运

中六星曰市楼。市中星众者实，其虚则耗。房南众星曰骑官。

左角，李；右角，将。大角者，天王帝廷。其两旁各有三星，鼎足句之，曰摄提。摄提者，直斗杓所指，以建时节，故曰"摄提格"。亢为疏庙，主疾。其南北两大星，曰南门。氐为天根，主疫。

尾为九子，曰君臣；斥绝，不和。箕为敖客，曰口舌。

火犯守角，则有战。房、心，王者恶之也。

南宫朱鸟，权、衡。衡，太微，三光之廷。匡卫十二星，藩臣：西，将；东，相；南四星，执法；中，端门；门左右，掖门。门内六星，诸侯。其内五星，五帝坐。后聚一十五星，蔚然，曰郎位；傍一大星，将位也。月、五星顺入，轨道，司其出，所守，天子所诛也。其逆入，若不轨道，以所犯命之；中坐，成形，皆

群下从谋也。金、火尤甚。廷藩西有隋星五，曰少微，士大夫。权，轩辕。轩辕，黄龙体。前大星，女主象；旁小星，御者后宫属。月、五星守犯者，如衡占。

行，要观察它们出行的路径，停留在哪个星旁，因为该星所对应的官员是天子所要诛杀的对象。如果它们是由东向西逆行进入太微垣，不循轨道运行，按照它们所凌犯的星名占卜吉凶；若犯了中间的五帝坐，表示祸福已成，无法可解，是群下相从而谋，共同作乱的结果。金星、火星犯五帝坐尤为严重。太微垣西部藩卫星的西面有五颗垂下的星，称为少微，代表士大夫。权，就是轩辕座。轩辕座，形体如黄龙。前面有一颗大星，是女主的象征；旁边的小星，代表后宫侍御的嫔妃这些人。月与五星进入或在这一区域附近，占卜方法与衡相同。

东井为水事。其西曲星曰钺。钺北，北河；南，南河；两河、天阙间为关梁。舆鬼，鬼祠事；中白者为质。火守南北河，兵起，谷不登。故德成衡，观成潢，伤成钺，祸成井，诛成质。

东井宿主管有关水的事。它的西面弯曲处有一颗星叫钺。钺的北面，是北河座；南面，是南河座；两河与天阙之间为三光所经的关梁。舆鬼宿，主管鬼神祭祀之事；中间一颗白色的星称为质星。火星守在南河、北河，有兵祸起，五谷不登。所以说观道德于衡，天子游观占于潢，王者伤败表现于钺，有祸乱表现于井宿，有诛杀之事就表现于质星。

柳为鸟注，主木草。七星，颈，为员官，主急事。张，素，为厨，主觞客。翼为羽翮，主远客。

柳宿是朱鸟的嘴，主管草木。七星宿，是朱鸟的颈部，是它的喉咙，主管急事。张宿，是朱鸟的嗉囊，是天庭的厨房，主管宴请宾客。翼宿，是朱鸟的羽翼，主管接待远客。

轸为车，主风。其旁有

轸宿是天神的车子，主管风。它的旁

边有一颗小星，叫长沙星，这颗星平时不是很明亮，不过明亮时与轸宿四星一样亮。如果五星进入轸宿之中，表示将有大的兵祸发生。轸宿南面的众星称为天库楼，天库楼中有五车星。五车星的芒角若增加或者减弱，表示车马骚动。

西宫名为咸池，又称天五潢。五潢，是五帝的车舍。火星侵入，有旱灾；金星侵入，有兵灾；水星侵入，有水灾。其中有三颗柱星；有一颗柱星不见，就表示要有战争发生。

奎宿又名封豕，主管沟渎之事。娄宿主管聚众之事。胃宿主管天下仓廪之事。它南面的众星称为廥积。

昴宿又名髦头，是与胡人有关的星，主管丧事。毕宿又名罕车，代表戍边将士，主管射猎之事。毕宿中最大一颗星旁边的小星称为附耳星。附耳星摇动，表示有乱臣在天子身旁。昴宿、毕宿之间是天街。天街北面，代表夷狄之国；南面，代表华夏之国。

参宿形如白虎。中间三颗排成一条直线的星，称为衡石。衡石下面有三颗星，直立如锥，称为罚，主管斩杀之事。衡石外有四颗星，是参宿的左右肩和左右股。参宿上方边隅处有三颗小星排成三角形，称为觜觿，如同参宿这只白虎的头，主管军旅之事。参宿南边有四颗星，称为

一小星，曰长沙星，星不欲明；明与四星等。若五星入轸中，兵大起。轸南众星曰天库楼，库有五车。车星角若益众，及不具，无处车马。

西宫咸池，曰天五潢。五潢，五帝车舍。火入，旱；金，兵；水，水。中有三柱，柱不具，兵起。

奎曰封豕，为沟渎。娄为聚众。胃为天仓。其南众星曰廥积。

昴曰髦头，胡星也，为白衣会。毕曰罕车，为边兵，主弋猎。其大星旁小星为附耳。附耳摇动，有谗乱臣在侧。昴、毕间为天街。其阴，阴国；阳，阳国。

参为白虎。三星直者，是为衡石。下有三星，兑，曰罚，为斩艾事。其外四星，左右肩股也。小三星隅置，曰觜觿，为虎首，主葆旅事。其南有四星，曰天厕。厕下一星，曰天矢。矢黄则吉；青、白、黑，凶。

其西有句曲九星，三处罗：一曰天旗，二曰天苑，三曰九游。其东有大星曰狼。狼角变色，多盗贼。下有四星曰弧，直狼。狼比地有大星，曰南极老人。老人见，治安；不见，兵起。常以秋分时候之于南郊。

天厕。天厕下面有一颗星，称为天矢。天矢星呈黄色就吉利；呈青、白、黑色，就凶险。参宿以西有弯曲排列的九颗星，分三组罗列：第一组叫天旗，第二组叫天苑，第三组叫九游。参宿以东有颗大星称为狼。狼星芒角变色，预示天下多盗贼。狼星下面有四颗星，称为弧，正对着狼星。狼星下面与地平面相接处有一颗大星，称为南极老人。老人星出现，天下安宁；不出现，兵祸将起。经常可以在秋分时的城南郊观察到它。

附耳入毕中，兵起。

北宫玄武，虚、危。危为盖屋，虚为哭泣之事。

其南有众星，曰羽林天军。军西为垒，或曰钺。旁有一大星为北落。北落若微亡，军星动角益希，及五星犯北落，入军，军起。火、金、水尤甚：火，军忧；水，水患；木、土，军吉。危东六星，两两相比，曰司空。

附耳星进入毕宿之中，预示兵祸将起。

北宫名为玄武，有虚宿和危宿。危宿主管盖房之事，虚宿主管哭泣之事。

虚、危二宿以南有群星，称为羽林天军。羽林天军以西的星称为垒星，或者称为钺星。垒星旁有一颗大星，名为北落。北落星如果光芒微弱不见，羽林天军星摇动，芒角稀疏，以及五星凌犯北落星，进入羽林天军，都是在预示有战事发生。火星、金星、水星进入羽林天军，情况更为严重：火星进入，军队有忧患；水星进入，有水灾；木星、土星进入，对军事有利。危宿以东有六颗星，两两相对，称为司空。

营室为清庙，曰离宫、阁道。汉中四星，曰天驷。旁一星，曰王良。王良策马，车骑满野。旁有八星，绝汉，曰天潢。天

营室是天上的清庙，又称为离宫、阁道。天汉之中有四颗星，称为天驷。天驷旁有一颗星，称为王良。王良星旁有一星为策，策星摇动，表示车骑布满山野，兵祸将起。

王良星旁有八颗星，横跨天汉，称为天潢。天潢旁边，是江星。江星摇动，预示天下将出现水灾。

杵、臼有四颗星，在危宿南边。匏瓜星，若有青色、黑色星停留在它附近，预示天下鱼盐贵。

南斗宿是天庙，它的北面是建星。建星，如同天庙前的旗。牵牛宿主管牺牲之事。牵牛以北是河鼓宿。河鼓宿中的大星，代表上将；左右小星，代表左右将。婺女宿，它的北面是织女宿。织女，是天帝的孙女。

观察日、月的运行来揆度岁星是在顺行还是在逆行。岁星主东方，于五行为木，主管春季，于十天干为甲、乙。丧失仁义的人，上天对他的惩罚会由岁星表现出来。岁星运行有了赢缩，就按它在天区所处的位置检验对应地上那个国家的命运。岁星所在位置对应的那个国家不可以去征伐，而该国可以征伐别国。岁星运行超过了计算应处的区域称为赢，不到计算应处的区域称为缩。赢，所对应的国家有兵事，不得复兴；缩，所对应的国家有忧患，军将死亡，国家倾败。岁星所在区域，若五星也都相从聚集在同一区域之中，它所对应的国家可以靠义取得天下。

在摄提格岁：岁阴由东向西运行到寅位，岁星由西向东运行到丑位。正月时，岁星与斗宿、牵牛宿在黎明前出现于东方，

潢旁，江星。江星动，人涉水。

杵、臼四星，在危南。匏瓜，有青黑星守之，鱼盐贵。

南斗为庙，其北建星。建星者，旗也。牵牛为牺牲。其北河鼓。河鼓大星，上将；左右，左右将。婺女，其北织女。织女，天女孙也。

察日、月之行以揆岁星顺逆。日东方，木，主春，日甲乙。义失者，罚出岁星。岁星赢缩，以其舍命国。所在国不可伐，可以罚人。其趋舍而前曰赢，退舍曰缩。赢，其国有兵不复；缩，其国有忧，将亡，国倾败。其所在，五星皆从而聚于一舍，其下之国可以义致天下。

以摄提格岁：岁阴左行在寅，岁星右转居丑。正月，与斗、牵牛晨出东方，名曰监德。色

苍苍有光。其失次，有应见柳。岁早，水；晚，旱。

岁星出，东行十二度，百日而止，反逆行；逆行八度，百日，复东行。岁行三十度十六分度之七，率日行十二分度之一，十二岁而周天。出常东方，以晨；入于西方，用昏。

单阏岁：岁阴在卯，星居子。以二月与婺女、虚、危晨出，曰降入。大有光。其失次，有应见张。其岁大水。

执徐岁：岁阴在辰，星居亥。以三月与营室、东壁晨出，曰青章。青青甚章。其失次，有应见轸。岁早，旱；晚，水。

大荒骆岁：岁阴在巳，星居戌。以四月与奎、娄晨出，曰跰踵。熊熊赤色，有光。其失次，有应见亢。

敦牂岁：岁阴在午，星居酉。以五月与胃、昴、毕晨出，曰开明。炎炎有光。偃兵；唯利公王，不利治兵。其失次，有应见房。岁早，旱；晚，水。

名为监德，星色青苍而明亮。如岁星运行失次，在它出现时应能见到柳宿。岁星早出，有水灾；晚出，有旱灾。

岁星出现后，向东运行十二度，一百天后停止，后反向逆行；逆行八度，一百天，又向东运行。一年运行三十度十六分度之七，每日运行十二分度之一，十二年绕行一周。出现时常在东方，时间为早晨；隐没在西方，是黄昏时候。

在单阏岁：岁阴在卯位，岁星在子位。二月时岁星与婺女、虚、危三宿在早晨出现于东方，称为降入。星大而明亮。若岁星运行失次，在它出现时应能见到张宿，这一年将发大水。

执徐岁：岁阴在辰位，岁星在亥位。三月时岁星与营室、东壁二宿在早晨出现于东方，称为青章，星光青青而彰明。若岁星运行失次，在它出现时应能见到轸宿。岁星早出，有旱灾；晚出，有水灾。

大荒骆岁：岁阴在巳位，岁星在戌位。四月时岁星与奎、娄二宿在早晨出现于东方，称为跰踵。星光熊熊呈赤色，有光芒。若岁星运行失次，在它出现时应能见到亢宿。

敦牂岁：岁阴在午位，岁星在酉位。五月时岁星与胃、昴、毕三宿在早晨出现于东方，称为开明。星光炎炎明亮。应该停止兵事；只对王公有利，不利于治兵用武。若岁星运行失次，在它出现时应能见到房宿。岁星早出，有旱灾；晚出，有水灾。

叶洽岁：岁阴在未位，岁星在申位。六月时岁星与觜觿、参二宿在早晨出现于东方，称为长列。星光昭昭明亮。有利于用兵。若岁星运行失次，在它出现时应能见到箕宿。

涒滩岁：岁阴在申位，岁星在未位。七月时岁星与东井、舆鬼二宿在早晨出现于东方，称为大音。星光昭昭，呈白色。若岁星运行失次，在它出现时应能见到牵牛宿。

作鄂岁：岁阴在酉位，岁星在午位。八月时岁星与柳、七星、张三宿在早晨出现于东方，称为长王。星光灼灼，有芒角。所对应的国家昌盛，粮食丰收。若岁星运行失次，在它出现时应能见到危宿。这年若有火旱也能兴旺，有女人去世，民间就会有疾疫。

阉茂岁：岁阴在戌位，岁星在巳位。九月时岁星与翼、轸二宿在早晨出现于东方，称为天睢。星光呈白色，大而明亮。若岁星运行失次，在它出现时应能见到东壁。这年有水灾，有女人去世。

大渊献岁：岁阴在亥位，岁星在辰位。十月时岁星与角、亢二宿在早晨出现于东方，称为大章。星光苍苍，星好像要跃出黎明前的黑暗，这就叫"正平"。这年所对应的国家适宜兴兵讨伐，该国将帅一定

叶洽岁：岁阴在未，星居申。以六月与觜觿、参晨出，曰长列。昭昭有光。利行兵。其失次，有应见箕。

涒滩岁：岁阴在申，星居未。以七月与东井、舆鬼晨出，曰大音。昭昭白。其失次，有应见牵牛。

作鄂岁：岁阴在酉，星居午。以八月与柳、七星、张晨出，曰长王。作作有芒。国其昌，熟谷。其失次，有应见危。有旱而昌，有女丧，民疾。

阉茂岁：岁阴在戌，星居巳。以九月与翼、轸晨出，曰天睢。白色大明。其失次，有应见东壁。岁水，女丧。

大渊献岁：岁阴在亥，星居辰。以十月与角、亢晨出，曰大章。苍苍然，星若跃而阴出旦，是谓"正平"。起师旅，其率必武；其国有德，将有四

海。其失次，有应见娄。

困敦岁：岁阴在子，星居卯。以十一月与氐、房、心晨出，曰天泉。玄色甚明。江池其昌，不利起兵。其失次，有应见昴。

赤奋若岁：岁阴在丑，星居寅。以十二月与尾、箕晨出，曰天晧。黫然黑色甚明。其失次，有应见参。

当居不居，居之又左右摇，未当去去之，与他星会，其国凶。所居久，国有德厚。其角动，乍小乍大，若色数变，人主有忧。

其失次舍以下，进而东北，三月生天棓，长四丈，末兑。进而东南，三月生彗星，长二丈，类彗。退而西北，三月生天欃，长四丈，末兑。退而西南，三月生天枪，长数丈，两头兑。谨视其所见之国，不可举事用兵。其出如浮如沈，其国有土功；如沉如浮，其野亡。

勇猛威武；该国若施德政，就将拥有四海。若岁星运行失次，在它出现时应能见到娄宿。

困敦岁：岁阴在子位，岁星在卯位。十一月时岁星与氐、房、心三宿在早晨出现于东方，称为天泉。星光呈黑色，很是明亮。这年若有事于江河池沼则有收获，不利于起兵。若岁星运行失次，在它出现时应能见到昴宿。

赤奋若岁：岁阴在丑位，岁星在寅位。十二月时岁星与尾、箕二宿在早晨出现于东方，称为天晧。星色呈黑色，很是明亮。若岁星运行失次，在它出现时应能见到参宿。

岁星应当停留某宿而不停留，或停留在某宿却又左右摇动，或不应当离去而离去，与其他星交会，那么该宿所对应的国家会有凶灾。岁星在某宿停留得久，该宿所对应的国家就德泽深厚。岁星的芒角动摇，忽小忽大，或者颜色屡变，预示人主有忧患。

岁星失次有以下情况，往东北方向运行，不出三月会出现天棓星，长有四丈，末端尖锐。进而向东南运行，不出三月会出现彗星，长有二丈，形状与大扫帚相类。退而向西北运行，不出三月会出现天欃，长有四丈，末端尖锐。退而向西南运行，不出三月会出现天枪星，长有数丈，两头尖锐。仔细观察这些星出现时所对应的国家，这些国家不可以举办大事或用兵征伐。岁星出现时如浮如沉，它所对应的分野国将有土功；若如沉如浮，它所对应的分野国将灭亡。岁星颜色赤红而有芒角，它所停留星宿对应的国家将昌盛。与该国作战的话不能取胜。岁星颜色赤黄而深沉，它所停留星宿对应的分野国将大丰收。岁星颜色青白或赤灰，它所停留星宿对应的分野国将有忧患。岁星隐入月亮，它所对应的分野国将有被放逐的宰相；岁星与太白星的光芒相接触，它所对应的分野国有军队被击败。

岁星又名摄提，名重华，名应星，名纪星。营室是天上的清庙，也就是岁星庙。

观察阳刚的气象以对荧惑的方位做出判断。荧惑主南方，于五行为火，主管夏季，于十天干为丙、丁。行为失礼，上天的惩罚会由荧惑表现出来，也就是荧惑运行失次。荧惑出现就会有兵祸发生，荧惑隐没战争就会平息。按荧惑在天区所处的区域检验对应的那个国家的命运。荧惑代表叛乱、残害、疾病、死亡、饥荒、战争。荧惑逆行二舍以上，并停留在那里，所对应的分野国三个月内有祸殃，五个月内有外敌入侵，七个月内国土丧失半数，九个月内国土丧失大半。若从东方升起到西方落入一直与某星宿同出入，那么该星宿所对应的国家就会灭亡。荧惑停留的星宿，

色赤而有角，其所居国昌，迎角而战者，不胜。星色赤黄而沉，所居野大穰。色青白而赤灰，所居野有忧。岁星入月，其野有逐相；与太白斗，其野有破军。

岁星一曰摄提，曰重华，曰应星，曰纪星。营室为清庙，岁星庙也。

察刚气以处荧惑。曰南方，火，主夏，曰丙丁。礼失，罚出荧惑，荧惑失行是也。出则有兵，入则兵散。以其舍命国。荧惑为勃乱、残贼、疾、丧、饥、兵。反道二舍以上，居之，三月有殃，五月受兵，七月半亡地，九月太半亡地。因与俱出入，国绝祀。居之，殃还至，虽大当小；久而至，当小反大。其南为丈夫丧，北为女子丧。若角动绕环之，及乍前乍后，左右，殃益大。与他星斗，光相逮，为害；不相逮，不害。五星皆

从而聚于一舍，其下国可以礼致天下。

法，出东行十六舍而止；逆行二舍；六旬，复东行，自所止数十舍，十月而入西方；伏行五月，出东方。其出西方日"反明"，主命者恶之。东行急，一日行一度半。

其行东、西、南、北疾也。兵各聚其下；用战，顺之胜，逆之败。荧惑从太白，军忧；离之，军却。出太白阴，有分军；行其阳，有偏将战。当其行，太白逮之，破军杀将。其入守犯太微、轩辕、营室，主命恶之。心为明堂，荧惑庙也。谨候此。

所对应的国家会立即发生灾祸，灾祸看似大，反而小；若很久才发生，灾祸看似小，反而大。荧惑停留在舆鬼宿以南，预示男子死亡；停留在舆鬼以北，预示女子死亡。若荧惑有芒角闪动，原地旋转，以及忽前忽后，忽左忽右，祸殃更大。与其他星光芒相触，表示有危害；不相触，则没有危害。若五星相从聚集在同一舍之中，这一舍所对应的分野国可以靠礼取得天下。

荧惑运行的规律是，出现后向东顺行十六舍而停止；向西逆行二舍；经过六十天后，再向东顺行，从它停止时所处的位置起经过数十舍，十个月后隐入西方；伏行五个月后，出现于东方。它出现于西方时称为"反明"，统治者忌讳这种天象。荧惑东行速度很快，一天运行一度半。

荧惑会速度很快地向东、向西、向南、向北运行。军队聚集到荧惑出现的方位下面；作战时，顺着荧惑运行的方向用兵将获胜，逆着荧惑运行的方向用兵将战败。荧惑随太白而行，战事不利；离太白而去，军队退却。出现于太白以北，预示有军队分营；运行于太白以南，有副将出战。当荧惑运行时，太白追上了它，预示军队被击败，将领被杀。荧惑入侵或停留在太微、轩辕、营室，这是统治者厌恶的天象。心宿是明堂，也就是荧惑的宗庙。谨慎地观察记录下以上内容。

由历法中与斗宿交会的时间可以来判定填星的位置。填星主中央，于五行为土，主管夏季，于十天干为戊、己。在五帝中对应黄帝，主管道德，是女主的象征。填星每年运行一宿，它所停留星宿对应的国家吉利。填星不应当停留某宿而停留，或者已经离去而又返回，返回后停留在该宿，该宿所对应的国家会取得土地，不然也会得到女子。若填星应当停留某宿而没有停留，或停留在某宿后，又向西或向东离去，该宿所对应国家会丧失土地，不然也会失去女子，不可以举办大事和用兵作战。填星在某宿停留得久，该宿所对应的国家福泽深厚；停留短暂，所对应的国家福泽浅薄。

填星另一个名字叫地侯，主管年成。每年运行十三又一百一十二分之五度，每天运行二十八分之一度，二十八年绕天一周。填星所停留的星宿，五星也都相从聚集在同一舍之中，它下面所对应的国家，可以靠威势取得天下。礼、德、义、杀戮、刑罚全都丧失，填星就会为此而动摇。

填星运行超前，为王者不得安宁；填星运行落后，预示有战事而不得停息。填星，它的颜色为黄，有九道芒角，对应的音律是黄钟宫声。它运行失次超前二三宿称为赢，预示君主有命不能推行，不然就会有大水灾。运行失次落后二三宿称为缩，

历斗之会以定填星之位。曰中央，土，主季夏，日戊己，黄帝，主德，女主象也。岁填一宿，其所居国吉。未当居而居，若已去而复还，还居之，其国得土，不乃得女。若当居而不居，既已居之，又西东去，其国失土，不乃失女，不可举事用兵。其居久，其国福厚；易，福薄。

其一名曰地侯，主岁。岁行十三度百十二分度之五，日行二十八分度之一，二十八岁周天。其所居，五星皆从而聚于一舍，其下之国，可以重致天下。礼、德、义、杀、刑尽失，而填星乃为之动摇。

赢，为王不宁；其缩，有军不复。填星，其色黄，九芒，音曰黄钟宫。其失次上二三宿曰赢，有主命不成，不乃大水。失次下二三宿曰缩，有后戚，其岁不复，不乃天裂若地动。

斗为文太室，填星庙，天子之星也。

木星与土合，为内乱，饥，主勿用战，败；水则变谋而更事；火为旱；金为白衣会若水。金在南曰牝牡，年谷熟；金在北，岁偏无。火与水合为焠，与金合为铄，为丧，皆不可举事，用兵大败。土为忧，主孽卿；大饥，战败，为北军，军困，举事大败。土与水合，穰而拥阏，有覆军，其国不可举事。出，亡地；入，得地。金为疾，为内兵，亡地。三星若合，其宿地国外内有兵与丧，改立公王。四星合，兵丧并起，君子忧，小人流。五星合，是为易行，有德，受庆，改立大人，掩有四方，子孙蕃昌；无德，受殃若亡。五星皆大，其事亦大；皆小，事亦小。

预示以后有悲戚之事发生，这年年成不好，不然也会有天裂或地震发生。

斗宿是文太室，是填星的庙堂，是象征天子的星宿。

木星与土星会合，预示有内乱、饥荒，人主不可发动战争，会失败；木星与水星会合预示改变策略和行事；木星与火星会合预示有旱灾；木星与金星会合预示有死丧之事或有水灾。金星在木星南面称为"牝牡"，预示这年粮食丰熟。金星在木星北面，收成几乎没有。火星与水星会合称为"焠"，与金星会合称为"铄"，预示有死丧之事，都不可举办大事，用兵将会大败。火星与土星会合称为"忧"，预示卿受祸孽，有大饥荒，出战会败，成为败北之军，军队被困，举事会大败。土星与水星会合，谷物成熟但难以流通，有全军覆灭的征兆，木星所停留星宿对应的国家不可举办大事。土星与水星出现在天空，则国土丧失；土星与水星隐入阳光中，获得土地。土星与金星会合，预示有疾病，有内战，丧失土地。五星中如果有三星会合，它所停留星宿对应的国家内外有战事和丧事，要改立君主。有四星会合，战争与丧事并起，君主有忧虑，百姓流亡。五星会合，世道要有所变化，有德者，有可庆贺之事，改立君王，占有四方，子孙繁衍昌盛；无德者，受祸殃以致灭亡。五星星体都大，预兆的事情也大；星体都小，预兆的事情也小。

五星早出的称为赢，好比来了客人。晚出的称为缩，好比主人在后送别。这两种情况一定有天象反应通过杓星显示出来。星在同一舍称为合，相互侵凌称为斗，相距七寸之内，必有一些事发生。

五星色白体圆，预示有丧事和旱灾；色赤体圆，中部有不太平，预示有战祸；色青体圆，预示有忧患和水灾；色黑体圆，预示有疾病，多死亡；色黄体圆，则吉利。五星有赤色芒角表示有外敌侵犯城池，有黄色芒角表示有土地之争，有白色芒角表示有丧事，有青色芒角表示军队有忧患，有黑色芒角表示有水灾。这些都预示着战争的最终结果。五星同色，天下兵戈止息，百姓安宁富庶。春风秋雨，冬寒夏暑，一切变化都常常体现在这些天象中。

填星出现后一百二十日就会逆向西行，西行一百二十日后反向东行。共出现三百三十日然后隐入阳光中运行，三十日后又出现在东方。太岁在甲寅位，填星在东壁宿，之前在营室宿。

观察太阳的运行来判断太白星的位置。太白星主西方，主管秋季，于十天干为庚、辛，主管杀伐。杀伐失当，上天的惩罚就会由太白星表现出来。太白星运行失次，就按它在天区所处的区域检验对应分野国的命运。太白星出现行经十八舍

蚤出者为赢，赢者为客。晚出者为缩，缩者为主人。必有天应见于杓。星同舍为合。相陵为斗，七寸以内必之矣。

五星色白圜，为丧旱；赤圜，则中不平，为兵；青圜，为忧水；黑圜，为疾，多死；黄圜，则吉。赤角犯我城，黄角地之争，白角哭泣之声，青角有兵忧，黑角则水。意，行穷兵之所终。五星同色，天下偃兵，百姓宁昌。春风秋雨，冬寒夏暑，动摇常以此。

填星出百二十日而逆西行，西行百二十日反东行。见三百三十日而入，入三十日复出东方。太岁在甲寅，镇星在东壁，故在营室。

察日行以处位太白。日西方，秋，日庚辛，主杀。杀失者，罚出太白。太白失行，以其舍命国。其出行十八舍二百四十日而入。入东方，伏行十一舍百三十日；其入西方，伏行三

舍十六日而出。当出不出，当入不入，是谓失舍，不有破军，必有国君之篡。

其纪上元，以摄提格之岁，与营室晨出东方，至角而入；与营室夕出西方，至角而入；与角晨出，入毕；与角夕出，入毕；与毕晨出，入箕；与毕夕出，入箕；与箕晨出，入柳；与箕夕出，入柳；与柳晨出，入营室；与柳夕出，入营室。凡出入东西各五，为八岁二百二十日，复与营室晨出东方。其大率，岁一周天。其始出东方，行迟，率日半度，一百二十日，必逆行一二舍；上极而反，东行，行日一度半，一百二十日入。其庳，近日，曰明星，柔；高，远日，曰大嚣，刚。其始出西方，行疾，率日一度半，百二十日；上极而行迟，日半度，百二十日，旦入，必逆行一二舍而入。其庳，近日，曰大白，柔；高，远日，曰大相，刚。出以辰、戌，

二百四十天后隐入阳光中。在东方隐入后，伏行十一舍一百三十天；它隐入西方，伏行三舍十六天后重新出现。应当出现而没有出现，应当隐入而没有隐入，就叫作失舍，所对应的国家若没有军队被击败，则必有国君被篡位之事发生。

历法的上元，在摄提格之年，太白星与营室宿在早晨出现于东方，运行到角宿时隐入，后与营室宿在黄昏时出现于西方，运行到角宿时隐入；与角宿在早晨出现于东方，运行到毕宿时隐入，后与角宿在黄昏时出现于西方，运行到毕宿时隐入；与毕宿在早晨出现于东方，运行到箕宿时隐入，后与毕宿在黄昏时出现于西方，运行到箕宿时隐入；与箕宿在早晨出现于东方，运行到柳宿时隐入，后与箕宿在黄昏时出现于西方，运行到柳宿时隐入；与柳宿在早晨出现于东方，运行到营室宿时隐入，后与柳宿在黄昏时出现于西方，运行到营室宿时隐入。共出入东西方各五次，历时八年二百二十天，又与营室宿在早晨出现于东方。太白大约一年运行一周天。它开始出现于东方时，运行迟缓，大约每日运行半度，经过一百二十天后，必定逆行一二舍；上行到极点就反向运行，向东运行，每日运行一度半，经过一百二十天后隐入。它的星位最低时，离太阳近，称为明星，性柔；星位最高时，离太阳远，称

为大嚣，性刚。它开始出现于西方时，运行速度快，大约每日运行一度半，这样运行一百二十天；上行到极点时运行就会迟缓，每日运行半度，经过一百二十天，将要隐入时，必定逆行一二舍后再隐入。星位最低时，离太阳近，称为大白，性柔；星位最高时，离太阳远，称为大相，性刚。它在辰位、戌位出现，在丑位、未位隐入。

应当出现而没有出现，不应当隐入而隐入，预示天下停止战争，在外的军队即将返回。不应当出现而出现，应当隐入而没有隐入，预示天下将发生战争，有破灭的国家。太白星按时出现，它所停留星宿对应的国家将昌盛。它出现于东方主管东方国家，隐入东方主管北方国家；出现于西方主管西方国家，隐入西方主管南方国家。它在某宿停留得久，该宿所对应的方向获得吉利；反之，该宿所对应的方向凶险。

太白星出现在西方，运行到东方，正西方向的国家获得吉利。出现在东方，运行到西方，正东方向的国家获得吉利。太白星出现后不会经过整个周天；若经过整个周天，天下会有政权变革。

太白星的星体小，芒角稍有摇动，预示有战争发生。开始出现时星体大，后变小，兵弱；开始出现时小，后变大，兵强。出现时星位高，用兵深入则吉利，用兵则

入以丑、未。

当出不出，未当入而入，天下偃兵，兵在外，入。未当出而出，当入而不入，天下起兵，有破国。其当期出也，其国昌。其出东为东，入东为北方；出西为西，入西为南方；所居久，其乡利；易，其乡凶。

出西至东，正西国吉。出东至西，正东国吉。其出不经天；经天，天下革政。

小以角动，兵起。始出大，后小，兵弱；出小，后大，兵强。出高，用兵深吉，浅凶；庳，浅吉，深凶。日方南金居

其南，日方北金居其北，曰赢，侯王不宁，用兵进吉退凶。日方南金居其北，日方北金居其南，曰缩，侯王有忧，用兵退吉进凶。用兵象太白：太白行疾，疾行；迟，迟行。角，敢战。动摇躁，躁。圜以静，静。顺角所指，吉；反之，皆凶。出则出兵，入则入兵。赤角，有战；白角，有丧；黑圜角，忧，有水事；青圜小角，忧，有木事；黄圜和角，有土事，有年。其已出三日而复有微入，入三日乃复盛出，是谓奖，其下国有军败将北。其已入三日又复微出，出三日而复盛入，其下国有忧；师有粮食兵革，遗人用之；卒虽众，将为人虏。其出西失行，外国败；其出东失行，中国败。其色大圜黄滜，可为好事；其圜大赤，兵盛不战。

凶险；出现时星位低，用兵浅则吉利，用兵深入则凶险。太阳偏南时金星在太阳的南方，太阳偏北时金星在太阳的北方，称为赢，预示王侯不得安宁，用兵进攻吉利而后退凶险。太阳偏南时金星在太阳的北方，太阳偏北时金星在太阳的南方，称为缩，预示王侯有忧患，用兵后退吉利而进攻凶险。用兵应该依循太白星：太白运行疾速，应迅速行军；太白运行迟缓，应迟缓行军。太白星有芒角，军队应该敢于作战。太白星动摇为躁动，军队也躁动。太白星圆而静，军队也宜静。顺太白星芒角所指方向用兵，吉利；反之，都会凶险。太白出现时就出兵，隐入时就退兵。太白出现红色芒角，有战争；出现白色芒角，有丧事；有芒角黑而圆，国有忧患，有水灾；芒角青色，圆又小，国有忧患，有属木之事；芒角黄色、圆且平和，有属土之事，收成好。太白星已经出现三日而又微微隐入，隐入三日又出现，称为奖，它所对应的国家有军队战败、将军败北的事发生。太白星隐入三日又稍微出现，出现三日而又隐入很久，它所对应的国家有忧患；军队拥有粮食和武器，但最终都会留给别人使用；士卒虽多，但将被别人俘虏。太白星出现于西方运行失次，预示外国战败；太白星出现于东方运行失次，中原国家战败。太白星大而圆，色黄而又光润，可以办成好事。太白星圆、大而色赤，预示兵力强盛，没有战争。

太白星色白，类似天狼星；色赤，类似心宿主星；色黄，类似参宿左肩的大星；色苍，类似参宿右肩的大星；色黑，类似奎宿中的大星。五星都跟随太白星聚集在一舍之中，它所聚星宿所对应的国家可以以兵纵横天下。太白星所停留处若是应当停留的地方，对应的分野国则有实利可得；所停留处若是不应当停留的地方，对应的分野国虽吉利却无所得。以太白星占卜时，观察其运行状态胜于观察其颜色变化，观察其颜色变化又胜于观察其所处位置，位置合理胜于位置不合理，有吉利的颜色条件胜于没有吉利的颜色，而运行状态吉利胜过其他所有状态。太白星出现后若停留在树梢间，对分野国不利。若向上运行很快，没到它运行所需的时间，就已超过三分之一的星空，对于分野国不利。太白星上升又下降，下降又上升，预示分野国有反叛的将领。太白行入月中，预示大将遭刑戮。金星与木星会合，有光芒，它所对应的国家有战争而兵不相遇，兵虽起而不战；会合而无光，预示双方大战，在郊野有溃败的军队。太白出现在西方，黄昏时为阴，西方属阴，预示伏兵强盛；晚饭时出兵，兵势小弱；夜半时出兵，兵势中弱。鸡鸣时出兵，兵势大弱：这就叫"阴陷于阳"。太白出现在东方，黎明

太白白，比狼；赤，比心；黄，比参左肩；苍，比参右肩；黑，比奎大星。五星皆从太白而聚乎一舍，其下之国可以兵从天下。居实，有得也；居虚，无得也。行胜色，色胜位，有位胜无位，有色胜无色，行得尽胜之。出而留桑榆间，疾其下国。上而疾，未尽其日，过参天，疾其对国。上复下，下复上，有反将。其入月，将僇。金、木星合，光，其下战不合，兵虽起而不斗；合相毁，野有破军。出西方，昏而出阴，阴兵强；暮食出，小弱；夜半出，中弱；鸡鸣出，大弱：是谓阴陷于阳。其在东方，乘明而出阳，阳兵之强；鸡鸣出，小弱；夜半出，中弱；昏出，大弱：是谓阳陷于阴。太白伏也，以出兵，兵有殃。其出卯南，南胜北方；出卯北，北胜南方；正在卯，东国利。出酉北，北胜南方；出酉南，南胜北方；正在酉，西国胜。

时为阳，东方为阳，预示阳兵正面对抗的军队强大；军队鸡鸣时出动，兵势小弱；夜半时出动，兵势中弱；昏时出动，兵势大弱：这就叫"阳陷于阴"。太白伏行的时候出兵，必有祸殃。太白出现于卯偏南（东南），则南方战胜北方；出现于卯偏北（东北），则北方战胜南方；正好在卯位（正东），则东方的国家胜利。太白出现于酉偏北（西北），则北方战胜南方；出现于酉偏南（西南），则南方战胜北方；正好在酉位（正西），则西方的国家胜利。

太白与诸恒星相凌犯，预示有小的战乱发生；与其他行星相凌犯，有大战发生。它们相犯时，太白出现在它们的南边，预示南边的国家战败；出现在它们的北边，预示北边的国家战败。太白运行速度快，纠纷须动用武力解决；停止运行，协商就能解决问题。太白星色白且有五道芒角，出现得早会被月所食，出现得晚则会出现天妖星和彗星，将有应验发生在对应的分野国。太白出现于东方为"德星"，行事若居太白左边或面对太白，吉利。出现于西方为"刑星"，行事若居太白右方或背向太白，吉利。反之都会凶险。太白星光能够见影，战则能胜。太白在白天可见而且经过周天，这就叫争明，预示强国变弱，小国变强，女主势力将要昌盛。

亢宿是天神的外庙，就是太白星的庙

其与列星相犯，小战；五星，大战。其相犯，太白出其南，南国败；出其北，北国败。行疾，武；不行，文。色白五芒，出蚤为月蚀，晚为天夭及彗星，将发其国。出东为德，举事左之迎之，吉。出西为刑，举事右之背之，吉。反之皆凶。太白光见景，战胜。昼见而经天，是谓争明，强国弱，小国强，女主昌。

亢为疏庙，太白庙也。太白，

堂。太白，代表大臣，它的号为上公。其他的名称有：殷星、太正、营星、观星、宫星、明星、大衰、大泽、终星、大相、天浩、序星、月纬。官位为大司马的人想知吉凶应仔细观察太白星的运行。

观测太阳与辰星的交会情况，来判定辰星的位置。辰星主北方，于五行为水，是太阴的精华聚成，主管冬季，于十天干为壬、癸。刑罚失当的，上天的惩罚就会通过辰星表现出来，可以根据辰星所在区域判断对应分野国的吉凶。

由辰星可以正四时季节：仲春春分，黄昏时辰星出现于西郊外奎宿、娄宿、胃宿以东五宿的范围内，对应的分野为齐地；仲夏夏至，黄昏时辰星出现于西郊外东井、舆鬼、柳宿以东七宿范围内，对应的分野为楚地；仲秋秋分，黄昏时辰星出现于西郊外角宿、亢宿、氐宿、房宿以东四宿范围内，对应的分野为汉地；仲冬冬至，辰星早晨出现在东方郊外，与尾宿、箕宿、斗宿、牵牛一起随天球西行，对应的分野为中原。辰星出入的方位经常在辰位、戌位、丑位、未位四个方向。

辰星比推算时间早出，是发生月食的征兆；比推算时间晚出，是出现彗星和天妖星的征兆。某时辰星应当出现而没有出现是罚有失当的表现，预示追兵在外，但没有战斗。辰星一季不出，这一季阴阳不

大臣也，其号上公。其他名殷星、太正、营星、观星、宫星、明星、大衰、大泽、终星、大相、天浩、序星、月纬。大司马位谨候此。

察日辰之会，以治辰星之位。曰北方，水，太阴之精，主冬，曰壬癸。刑失者，罚出辰星，以其宿命国。

是正四时：仲春春分，夕出郊奎、娄、胃东五舍，为齐；仲夏夏至，夕出郊东井、舆鬼、柳东七舍，为楚；仲秋秋分，夕出郊角、亢、氐、房东四舍，为汉；仲冬冬至，晨出郊东方，与尾、箕、斗、牵牛俱西，为中国。其出入常以辰、戌、丑、未。

其蚤，为月蚀；晚，为彗星及天夭。其时宜效，不效为失，追兵在外不战。一时不出，其时不和；四时不出，天下大饥。其当效而出也，色白为旱，

黄为五谷熟，赤为兵，黑为水。出东方，大而白，有兵于外，解。常在东方，其赤，中国胜；其西而赤，外国利。无兵于外而赤，兵起。其与太白俱出东方，皆赤而角，外国大败，中国胜；其与太白俱出西方，皆赤而角，外国利。五星分天之中，积于东方，中国利；积于西方，外国用兵者利。五星皆从辰星而聚于一舍，其所舍之国可以法致天下。辰星不出，太白为客；其出，太白为主。出而与太白不相从，野虽有军，不战。出东方，太白出西方；若出西方，太白出东方，为格，野虽有兵，不战。失其时而出，为当寒反温，当温反寒。当出不出，是谓击卒，兵大起。其入太白中而上出，破军杀将，客军胜；下出，客亡地。辰星来抵太白，太白不去，将死。正旗上出，破军杀将，客胜；下出，客亡地。视旗所指，以命破军。其绕环太白，若与斗，大战，客胜。兔过太白，间可椷剑，小战，客胜。兔居太白前，军罢；出太白左，小战；摩太白，有数万人战，主人吏死；

和；四季不出，天下有大饥荒。辰星应当出现时出现，星色发白时会有旱灾，星色发黄预示五谷成熟，星色发红预示有战乱，星色发黑预示有水灾。辰星出现于东方，星体大而色白，表示有敌兵在外，可与之和解。辰星常在东方，星色发红，表示中原国家胜利；它常在西方，星色发红，表示外国胜利。没有军队在外而辰星色红，预示将有战事发生。辰星与太白一起出现于东方，都呈红色且有芒角，预示外国大败，中原国家获胜；辰星与太白一起出现于西方，都呈红色且有芒角，预示外国胜利。以中天为准看五星的分布，若五星都在东半天球，对中原国家有利；都在西半天球，对外国用兵的一方有利。五星都跟随辰星聚集于同一舍之中，它所聚星宿对应的国家可以以法取得天下。辰星不出现，太白为客人；辰星出现，太白为主人。辰星出现却不与太白在一起，预兆野外虽有军队而没有战斗。辰星出现于东方，太白出现于西方；或辰星出现于西方，太白出现于东方，都称为格，野外虽有军队而没有战斗。错过辰星应当出现的时间而出现，表示气候应当寒冷反而温暖，应当温暖反而寒冷。应当出现而没有出现，称为击卒，预示兵祸大起。辰星入太白之中并从太白上方出现，预示有军队战败、将军被杀之事发生，客军胜利；从太白下方出现，预示客军丧失土地。辰星靠近太白，太白不离开，预示有将帅阵亡。有芒角从辰星上方出现，预示有军队战败、将军被杀之事发生，客军胜利；有芒角从辰星下方出现，预示客军丧失土地。观察芒角所指方向，来断定何方军队失败。辰星环绕太白，似与太白相斗，将有大战，客军胜利。辰星经过太白，其间距离有一剑宽，预示有小的战斗，客军胜利。辰星在太白前面，军队罢战；辰星出现在太白左面，预示有小的战斗；与太白相触而过，预示有数万人交战，主人一方的官吏被杀；出现在太白右面，相距三尺，预示军情紧急，双方相约而战。辰星有青色芒角，军队有忧患；有黑色芒角，有水灾。有赤色芒角则预示滥用武力的一方末日来临了。

兔星有七个名字，叫小止、辰星、天欃、安周星、细爽、能星、钩星。它的星色发黄而且小，出现时的位置改变，预示天下的制度变化而不善。兔星有五色，青而圆就代表会有忧患，白而圆就代表会有死亡，赤而圆就代表着会不平静，黑而圆就代表吉利。赤色有芒角预示有敌人来侵犯我的城池，黄色有芒角预示有争夺土地之事，白色有芒角预示有号哭之声，代表有丧事。

辰星出现于东方，运行四舍，计四十八日，然后运行二十日，之后反方向

出太白右，去三尺，军急约战。青角，兵忧；黑角，水。赤行穷兵之所终。

兔七命，曰小正、辰星、天欃、安周星、细爽、能星、钩星。其色黄而小，出而易处，天下之文变而不善矣。兔五色，青圜忧，白圜丧，赤圜中不平，黑圜吉。赤角犯我城，黄角地之争，白角号泣之声。

其出东方，行四舍四十八日，其数二十日，而反入于东

方；其出西方，行四舍四十八日，其数二十日，而反入于西方。其一候之营室、角、毕、箕、柳。出房、心间，地动。

辰星之色：春，青黄；夏，赤白；秋，青白，而岁熟；冬，黄而不明。即变其色，其时不昌。春不见，大风，秋则不实。夏不见，有六十日之旱，月蚀。秋不见，有兵，春则不生。冬不见，阴雨六十日，有流邑，夏则不长。

角、亢、氐，兖州。房、心，豫州。尾、箕，幽州。斗，江、湖。牵牛、婺女，杨州。虚、危，青州。营室至东壁，并州。奎、娄、胃，徐州。昂、毕，冀州。觜觿、参，益州。东井、舆鬼，雍州。柳、七星、张，三河。翼、轸，荆州。

七星为员官，辰星庙，蛮夷星也。

两军相当，日晕。晕等，力钧；厚长大，有胜；薄短

隐入东方；辰星出现于西方，运行四舍，计四十八日，然后运行二十日，之后反方向隐入西方。可以在营室、角宿、毕宿、箕宿、柳宿中的某一宿中观测到辰星。辰星出现于房宿、心宿之间，有地震发生。

辰星的颜色：春季，青黄色；夏季，赤白色；秋季，青白色，预示这年丰收；冬季，呈黄色但不明亮。某季改变颜色，那这一季节会不昌盛。春季不出现，有大风，秋季万物不结果实。夏季不出现，有六十天的旱灾，有月食。秋季不出现，有战争，到春季作物不生。冬季不出现，有六十天的阴雨天，有被大水浸泡的城邑，到夏季作物不生长。

角、亢、氐三宿，分野是兖州。房、心二宿，分野是豫州。尾、箕二宿，分野是幽州。斗宿，分野是长江、太湖地区。牵牛、婺女，分野是扬州。虚、危二宿，分野是青州。营室到东壁，分野是并州。奎、娄、胃三宿，分野是徐州。昂、毕二宿，分野是冀州。觜觿、参宿，分野是益州。东井、舆鬼，分野是雍州。柳宿、七星、张宿，分野是三河。翼宿、轸宿，分野是荆州。

七星代表官员，是辰星的庙堂，是代表蛮夷的星星。

两军相对，出现日晕。日晕均匀，预示两军势均力敌；日晕浓厚长大，预示有

取胜的一方；日晕薄而短小，预示有一方没有胜利。日晕重重相抱，有大败的一方。光环向日而抱，预示两军言和；背向太阳，军不得和，两军分别离去。日晕径直预示有自立之事，指自立为侯王；也预示有破军杀将之事。太阳上下方都有日晕，预示有喜事。日晕在日中，被围者胜；日晕偏外，外围者胜。日晕外圈青里圈赤，双方和解而去；外圈赤里圈青，双方怀恨而去。气晕先出现而后消失，守军一方胜利。先出现而提前消失，先吉后凶；延后出现又延后消失，先凶后吉；延后出现又提前消失，整个战事对守军不利。日晕出现又突然消失，时间短暂，虽然胜利却没有收获。日晕出现半天以上，战功很大。白虹的形状短而屈，上下尖锐，预示它的下面有大规模流血之事发生。观察日晕判断胜负，应验的日期近在三十天之内，远在六十天之内。

小，无胜。重抱大破无。抱为和，背为不和，为分离相去。直为自立，立侯王；破军若曰杀将。负且戴，有喜。围在中，中胜；在外，外胜。青外赤中，以和相去；赤外青中，以恶相去。气晕先至而后去，居军胜。先至先去，前利后病；后至后去，前病后利；后至先去，前后皆病，居军不胜。见而去，其发疾，虽胜无功。见半日以上，功大。白虹屈短，上下兑，有者下大流血。日晕制胜，近期三十日，远期六十日。

出现日食，日食所在地不吉利；日食后重新生光，生光所在地吉利；日食完全时，吉凶的承担者就是君主。按照日食的方位及太阳所在位置，再加上发生的日期和时辰，可以判定对应国的吉凶。

其食，食所不利；复生，生所利；而食益尽，为主位。以其直及日所宿，加以日时，用命其国也。

月亮在房星中间运行，预示天下安宁和平。在偏北的轨道运行，预示多雨水，有阴事。黄道以北三尺是阴星的位置，阴星以北三尺是太阴道，月亮在其中运行，

月行中道，安宁和平。阴间，多水，阴事。外北三尺，阴星。北三尺，太阴，大水，兵。阳间，骄恣。阳星，多暴狱。太阳，

大旱丧也。角、天门，十月为四月，十一月为五月，十二月为六月，水发，近三尺，远五尺。犯四辅，辅臣诛。行南北河，以阴阳言，旱水兵丧。

月蚀岁星，其宿地，饥若亡；荧惑也乱；填星也下犯上；太白也强国以战败；辰星也女乱；蚀大角，主命者恶之；心，则为内贼乱也；列星，其宿地忧。

月食始日，五月者六，六月者五，五月复六，六月者一，而五月者五，凡百一十三月而复始。故月蚀，常也；日蚀，为不臧也。甲、乙，四海之外，日月不占。丙、丁，江、淮、海、岱也。戊、己，中州、河、济也。庚、辛，华山以西。壬、癸，恒山以北。日蚀，国君；月蚀，

预示有大洪水和战争。月亮在黄道南运行，预示国君骄横专制。行于阳星附近，多以暴虐凶残治刑狱。行于太阳附近，预示有旱灾和丧事。行于角宿与天门之间，若在十月，则次年四月成灾；若在十一月，则次年五月成灾；若在十二月，则次年六月成灾，发大水，水深少则三尺，多则五尺。月侵犯房宿中的任一星，预示有辅臣被诛杀。月行于南河、北河附近，按行道在阴或阳来判断，在北河星北或在南河星南的分野有水灾、旱灾、战争或丧事。

月亮遮盖岁星，它所处星宿对应的国家有饥荒甚至会灭亡；遮住荧惑，预示世道混乱；遮住填星，预示有臣下犯上作乱；遮住太白，预示强国因战争而衰败；遮住辰星，预示有女子作乱；遮住大角，人主厌恶这种天象；遮住心宿，预示有内贼作乱；遮住其他诸星，它所处星宿对应的国家有忧患。

自有月食开始算起，每隔五个月一次的月食发生六次，每隔六个月一次的月食发生五次，每隔五个月一次的月食又发生六次，每隔六个月一次的月食发生一次，然后每隔五个月一次的月食发生五次，凡经一百一十三个月重新开始上述过程。所以出现月食是常事，出现日食是不吉利的。甲、乙日时，应验在四海之外，所以不用日食、月食来占候。丙、丁日时，应验在

江、淮、海岱之地。戊、己日时，应验在中州、黄河、济水。庚、辛日时，应验在华山以西。壬、癸日时，应验在恒山以北。日食的征兆在国君身上应验，月食的征兆在将相身上应验。

国皇星，星大而红，形状类似南极老人星。国皇星出现，它所在天区下面对应的国家有战争，且兵势强大，与它相对方向的不利。

昭明星，星大而白，无芒角，忽上忽下。昭明星出现，它所在天区下面对应的国家，有战争，形势多变。

五残星，出现于正东方，在东方分野的上空。它的形状类似辰星，距离地面约六丈。

大贼星，出现于正南方，在南方分野的卜空。它距离地面约六丈，星人而红，频频摇动，有光芒。

司危星，出现于正西方，在西方分野的上空。它距离地面约六丈，星大而白，类似于太白星。

狱汉星，出现于正北方，在北方分野的上空。它距离地面约六丈，星大而红，频频摇动，仔细观察，星中呈青色。这是四颗分野之星。它们出现在不是应当出现的方位时，它下面所对应的国家有战事，于相对方向的分野国不利。

四填星，出现于东南、东北、西南、

将相当之。

国皇星，大而赤，状类南极。所出，其下起兵，兵强；其冲不利。

昭明星，大而白，无角，乍上乍下。所出国，起兵，多变。

五残星，出正东东方之野。其星状类辰星，去地可六丈。

大贼星，出正南南方之野。星去地可六丈，大而赤，数动，有光。

司危星，出正西西方之野。星去地可六丈，大而白，类太白。

狱汉星，出正北北方之野。星去地可六丈，大而赤，数动，察之中青。此四野星所出。出非其方，其下有兵，冲不利。

四填星，所出四隅，去地

可四丈。

地维咸光，亦出四隅，去地可三丈，若月始出。所见，下有乱；乱者亡，有德者昌。

烛星，状如太白，其出也不行。见则灭。所烛者，城邑乱。

如星非星，如云非云，命曰归邪。归邪出，必有归国者。

星者，金之散气，其本曰火。星众，国吉；少则凶。

汉者，亦金之散气，其本曰水。汉，星多，多水，少则旱，其大经也。

天鼓，有音如雷非雷，音在地而下及地。其所往者，兵发其下。

天狗，状如大奔星，有声，其下止地，类狗。所堕及，望之如火光炎炎冲天。其下圆如数顷田处。上兑者则有黄色，千里破军杀将。

格泽星者，如炎火之状。黄白，起地而上。下大，上兑。其见也，不种而获；不有土功，必有大害。

西北四隅，距离地面约四丈。

地维咸光，也出现于东南、东北、西南、西北四隅方向，距离地面约三丈，如同月亮刚出现时的样子。它出现时，所处星宿下面对应的国家有乱事；作乱者亡，有德者昌盛。

烛星，像太白星，它出现后不运行。出现不久就消失。所对应的地区，城邑有乱事。

似星非星，似云非云，称为归邪。归邪出现，一定有归国的人。

星，是金的离散之气，它本质是火。星众多，国家吉利；星稀少，国家凶险。

银河，也是金的离散之气，它的本质是水。银河中，星星众多，预示地上多水；星稀少，预示地上有旱灾，这是大致的规律。

天鼓，有声音似雷非雷，声音由地面传到地下。声音往哪个方向去，哪里就有战争发生。

天狗，像大流星，有声音，它落在地面上，像狗。所下落之地，远望像火光一样炎炎冲天。它落下的圆坑有数顷地大小，上端尖锐处呈黄色，预示千里之外有兵败将死之事。

格泽星，像燃烧的火。黄白色，从地面跃起向上延伸。下面大，上面尖锐。它出现时，不播种却有收获；若没有土木工程，必定有大祸害。

蚩尤之旗，形状如彗星而后端弯曲，像旗。它出现时预示有王者征伐四方。

旬始星，出现于北斗旁边，形状如雄鸡。它放射光芒时，青黑色，像趴着的甲鱼。

枉矢星，类似大流星，行进如蛇，呈苍黑色，望上去像有羽毛的样子。

长庚星，如一匹布挂在天空。此星出现，有兵祸起。

星坠落到地面，就是石头。在黄河、济水之间，常常有坠落的星石。

天空清明时能见到景星。景星是德星。它的形状不固定，常出现于政治清明的国家。

凡是观望云气，抬头望去，可占卜三四百里；在桑榆树梢之上水平望云气，可占卜一千多里到二千里；登更高的地方而望云气，可占卜地上三千里远的地方。云气的形状像有兽蹲在上面的，预示那里胜利。

自华山以南，云气的下面是黑色而上面是红色。嵩高、三河的郊野，云气是正红色。恒山以北，云气的下面是黑色而上面是青色。渤海、碣石、海、岱之间，云气都为黑色。江、淮之间，云气都为白色。

军队所在的云气是白色的。修防御筑工事的地方云气是黄色的。兵车行进产生的云气忽高忽低，往往聚集在一起。骑兵奔走产生的云气低而广布。步卒行走产

蚩尤之旗，类彗而后曲，象旗。见则王者征伐四方。

旬始，出于北斗旁，状如雄鸡。其怒，青黑，象伏鳖。

枉矢，类大流星，蛇行而仓黑，望之如有毛羽然。

长庚，如一匹布着天。此星见，兵起。

星坠至地，则石也。河、济之间，时有坠星。

天精而见景星。景星者，德星也。其状无常，常出于有道之国。

凡望云气，仰而望之，三四百里；平望，在桑榆上，千余二千里；登高而望之，下属地者三千里。云气有兽居上者，胜。

自华以南，气下黑上赤。嵩高、三河之郊，气正赤。恒山之北，气下黑上青。勃、碣、海、岱之间，气皆黑。江、淮之间，气皆白。

徒气白。土功气黄。车气乍高乍下，往往而聚。骑气卑而布。卒气抟。前卑而后高者，疾；前方而后高者，兑；后兑

而卑者，却。其气平者其行徐。前高而后卑者，不止而反。气相遇者，卑胜高，兑胜方。气来卑而循车通者，不过三四日，去之五六里见。气来高七八尺者，不过五六日，去之十余里见。气来高丈余二丈者，不过三四十日，去之五六十里见。

稍云精白者，其将悍，其士怯。其大根而前绝远者，当战。青白，其前低者，战胜；其前赤而仰者，战不胜。阵云如立垣。杼云类杼。轴云抟两端兑。杓云如绳者，居前亘天，其半半天。其蜺者类阙旗故。钩云句曲。诸此云见，以五色合占。而泽抟密，其见动人，乃有占；兵必起，合斗其直。

王朔所候，决于日旁。日旁云气，人主象。皆如其形以占。

生的云气成团。云气前面低而后面高，表示行动迅速；前面平正而后面高，表示士卒精锐；后面尖锐而矮，表示军队会退却。云气平正的军队行进缓慢。云气前面高而后面低的，表示军队不停留而返回。两方云气相遇，云气低的战胜云气高的，云气尖锐的战胜云气方的。云气低下且沿着车辙行进的，不过三四天，在距这支部队五六里处就可以看见它。云气高有七八尺的，不过五六天，在距这支部队十多里处就可以看见它。云气高有一丈多到二丈的，不过三四十天，距这支部队五六十里处就可以看见它。

云气末端呈亮白色的，它对应的部队将领强悍，士卒怯懦。云气根部庞大而前端绵延很远的，那里会发生交战。云气青白色，它的前端低的，部队能战胜；云气前端色红而上仰的，部队作战不能取胜。阵云如同直立的垣墙。杼云类似织梭。轴云团两端尖锐。杓云如同绳子，在前面横贯天空，它的一半也有半个天空长。那种彩虹形的云气如同有缺损的旗子。钩云像钩一样弯曲。诸如这些云出现，用五色配合占卜。而云气润泽、成团而且密，出现时能动人的云，才能用来占卜；战争必定会发生的话，双方的云气也会斗在一起。

王朔所占候的，是太阳旁边的云气。太阳旁边的云气，是人主的象征。都按这些云气的形状来占卜。

所以北夷的云气如同畜群和帐篷，南夷的云气类似舟船和幡旗。发大水的地方，败军的战场，破国留下的废墟，地下埋藏有金钱财宝的上空，都有云气，不可不仔细观察。海边的蜃气像楼台，宽广的原野上的云气能成宫阙的样子，可见云气象征着各自山川人民聚积的气质。

所以占候某国虚实的人，要进入该国的城邑，观察封疆、田畴治理是否平正，城郭、屋室、门户是否润泽，再观察车辆、衣服、畜牧产品是否精致华美。充盈繁盛的，吉利；空虚衰耗的，凶险。

似烟非烟，似云非云，云气郁郁纷纷，萧索盘曲，这就叫卿云。卿云是喜气化成。似雾非雾，不会沾湿衣冠，出现时它所在区域内的人们都披上铠甲、奔忙备战。

雷电、彩虹、霹雳、夜明等现象，是阳气发动形成的，春夏发生，秋冬隐藏，所以占候的人无不等待着到了季节观察它们。

天空开裂能见到悬空的物象，地震产生裂缝。山崩石移，河川壅塞，溪谷石流，水冒地生，沼泽涸竭，这些都是征兆。城郭、家门、闾巷，观察它们是润泽还是枯槁；宫廷庙宇，府邸宅第，观察人民所处的等次。观察童谣、习俗、车马、服饰，观察人民的饮食。对五谷草木，要观察它们

故北夷之气如群畜穹闾，南夷之气类舟船幡旗。大水处，败军场，破国之虚，下有积钱，金宝之上，皆有气，不可不察。海旁蜄气象楼台，广野气成宫阙，然云气各象其山川人民所聚积。

故候息秏者，入国邑，视封疆田畴之正治，城郭室屋门户之润泽，次至车服畜产精华。实息者，吉；虚秏者，凶。

若烟非烟，若云非云，郁郁纷纷，萧索轮囷，是谓卿云。卿云，喜气也。若雾非雾，衣冠而不濡，见则其域被甲而趋。

夫雷电、虾虹、辟历、夜明者，阳气之动者也，春夏则发，秋冬则藏，故候者无不司之。

天开县物，地动坼绝；山崩及徙，川塞溪垘；水澹地长，泽竭见象。城郭门闾，润息槁枯；宫庙邸第，人民所次；谣俗车服，观民饮食；五谷草木，观其所属；仓府厩库，四通之路；六畜禽兽，所产去就；鱼

鳖鸟鼠，观其所处；鬼哭若呼，其人逢悟；化言，诚然。

凡候岁美恶，谨候岁始。岁始或冬至日，产气始萌。腊明日，人众卒岁，一会饮食，发阳气，故曰初岁。正月旦，王者岁首。立春日，四时之始也。四始者，候之日。

而汉魏鲜集腊明正月旦决八风。风从南方来，大旱；西南，小旱；西方，有兵；西北，戎菽为，小雨，趣兵；北方，为中岁；东北，为上岁；东方，大水；东南，民有疾疫，岁恶。故八风各与其冲对，课多者为胜。多胜少，久胜亟，疾胜徐。旦至食，为麦；食至日昳，为稷；昳至铺，为黍；铺至下铺，为菽；下铺至日入，为麻。欲终日有云，有风，有日。日当其时者，深而多实；无云有风日，当其时，浅而多实；有云

所属的类别。对于粮仓、府库、马厩、武库，要观察它们四方交通的道路。对六畜禽兽，要观察它们的产地和用途；对鱼鳖鸟鼠，要观察它们栖息的地方。有鬼哭泣如同呼号，人逢必有惊貌。虽然这是俚俗传言，确实也是预兆。

大凡占候年成好坏，一定要谨慎占卜岁首。岁首或指冬至日，这一天地气开始萌发；或者指腊祭的第二天，这一天众人庆祝旧的一年行将结束，聚在一起会餐，以生发阳气，所以叫初岁；或者指正月初一，这是帝王颁布历法定为岁首之日；或者指立春日，这一日是四季的开始。以上四种岁首，都是占候的日子。

而汉朝人魏鲜在腊祭的第二日和正月初一根据八方的风来占卜年成。风从南方来，有大旱；从西南来，有小旱；从西方来，有战争；从西北来，大豆丰产，多小雨，战事速起；从北方来，收成一般；从东北来，收成上等；从东方来，有大水灾；从东南来，人民有疾疫，年成不好。所以八风各与它们相对方向的风相比，卜课以次数多的为胜。多的胜过少的，久的胜过短的，疾的胜过徐的。从旦时到食时，主麦；从食时到日昳，主稷；从日昳到铺时，主黍；从铺时到下铺时，主菽；从下铺时到日入，主麻。这两天最好终日有云，有风，有太阳。这些条件满足，生长的作物根株深而

结实多；没有云，有风，有太阳，这样生长的作物，根株浅而结实多；有云，有风，没有太阳，这样生长的作物，根株深而结实少；有太阳，没有云，不刮风，这样生长的作物，粮食歉收，没有收获。无风无云的时间若只一顿饭的工夫，粮食少量歉收；若时间长到可以煮熟五斗米，粮食大量歉收。要是风又刮起来，有云，那么庄稼会复苏。由以上各时段中云气的颜色占卜适宜播种何种作物。如果这两天下雪，天气寒冷，这年收成不好。

岁首这天若天气晴朗，可以倾听都城中人民的声音占卜吉凶。若是宫声，就年成好，吉利；商声，就有战争；徵声，有旱灾；羽声，有水灾；角声，年成坏。

还可以从正月初一开始计算连续下雨的天数，以此作占。一日雨水对应一升收成，到七升为极限；超过七升的不占。还可以从正月初一数到正月十二，将一日与一月对应，占卜水旱情况。为本国方圆千里之内范围占候，就是为天下占候，要观测整个正月。观察每日月亮经过的星宿，太阳、风、云等情况，来占卜这个国家。一定要观测太岁所在的位置。在金位（西方申、酉、戌），丰收；在水位（北方亥、子、丑），歉收；在木位（东方寅、卯、辰），饥荒；在火位（南方巳、午、未），大旱。大体占卜情况如此。

风，无日，当其时，深而少实；有日，无云，不风，当其时者稼有败。如食顷，小败；熟五斗米顷，大败。则风复起，有云，其稼复起。各以其时用云色占种所宜。其雨雪若寒，岁恶。

是日光明，听都邑人民之声。声宫，则岁善，吉；商，则有兵；徵，旱；羽，水；角，岁恶。

或从正月旦比数雨。率日食一升，至七升而极；过之，不占。数至十二日，日直其月，占水旱。为其环域千里内占，则为天下候，竟正月。月所离列宿，日、风、云，占其国。然必察太岁所在。在金，穰；水，毁；木，饥；火，旱。此其大经也。

正月上甲，风从东方，宜蚕；风从西方，若旦黄云，恶。

正月上旬的甲日，风从东方来，适宜养蚕；风从西方来，若日出有黄云，则年成不好。

冬至短极，县土炭，炭动，鹿解角，兰根出，泉水跃，略以知日至，决要晷景。岁星所在，五谷逢昌。其对为冲，岁乃有殃。

冬至日白昼最短，在天平的一端悬挂土，另一端悬挂炭，炭的一端沉时，鹿换新角，兰花抽根，泉水涌出，以此可知冬至的到来，但最终还要用日晷测定日影长短来做出判断。岁星所处星宿对应的国家，五谷丰收。与该星宿相对星宿象征的分野国，这年将有灾殃。

太史公曰：自初生民以来，世主曷尝不历日月星辰？及至五家、三代，绍而明之，内冠带，外夷狄，分中国为十有二州，仰则观象于天，俯则法类于地。天则有日月，地则有阴阳。天有五星，地有五行。天则有列宿，地则有州域。三光者，阴阳之精，气本在地，而圣人统理之。

太史公说：自从初有生民以来，世间君主何尝不推算日月星辰的运行？直到五帝、三代时期，又继承这件事并将其发扬光大，内为冠带，外为夷狄，把中国分为十二州，抬头观测天上的星象，俯首取法地上的事物。在天有日月，在地有阴阳。在天有五星，在地有五行。在天有列宿，在地有州郡。日、月、星三光，是阴阳二气的精华，精气以地为本原，而圣人将其调和一致。

幽厉以往，尚矣。所见天变，皆国殊窟穴，家占物怪，以合时应，其文图籍机祥不法。是以孔子论六经，纪异而说不书。至天道命，不传；传其人，不待告；告非其人，虽言不著。

周幽王、周厉王以前，已经很久远了。所见到的天象变化，各国占卜的方位不同，各家占卜的事物怪异，来迎合当时的需求，那些文字、图画、书籍所记载的祈福征兆之事不足以作为法则。因此孔子论述六经，只记录异象，而不对异象进行解读。至于天道天命，不轻易传授；传授给合适

的人，不待相告就已经明白；告知不适合
的人，即使解说了他也不会明白。

昔日传授天数的人：高辛氏之前，有
重、黎；唐、虞时代，有羲氏、和氏；夏
代，有昆吾；殷商，有巫咸；周代，有史
佚、苌弘；在宋国，有子韦；在郑国，则
有裨灶；在齐国，有甘德；在楚国，有唐
昧；在赵国，有尹皋；在魏国，有石申。

天运，三十年一小变，一百年一中变，
五百年一大变；三大变为一纪，三纪就是
整个变化周期：这是天运的大数。统治国
家的人一定要重视三、五这两个数字，再
分析前后各一千年的情况，然后天人之间
的关系才能了解完备。

太史公推考古代天象变化，没有可供
当今参考的资料。大概在春秋二百四十二
年之间，出现日食三十六次，彗星三次，
宋襄公时星体陨落如同下雨。天子衰微，
诸侯以武力主政，五霸相继兴起，交替主
盟天下。从此以后，各国就经常以众欺
寡、以大吞小。秦、楚、吴、越是夷狄之
国，成了强大的霸主。田氏篡夺齐国政权，
韩、魏、赵三家瓜分晋国，都进入了战国
时代。各国争相攻打掠夺，战争多次爆发，
城邑屡遭屠灭，加上饥荒、瘟疫等苦楚之
事，臣子和君主都以此为忧患，所以观察
凶吉，占候星象云气之事就尤为急切。近
世以来十二诸侯强盛、七国互尊为王，倡

昔之传天数者：高辛之前，
重、黎；于唐、虞，羲、和；
有夏，昆吾；殷商，巫咸；周室，
史佚、苌弘；于宋，子韦；郑
则裨灶；在齐，甘公；楚，唐
昧；赵，尹皋；魏，石申。

夫天运，三十岁一小变，
百年中变，五百载大变；三大
变一纪，三纪而大备：此其大
数也。为国者必贵三五。上下
各千岁，然后天人之际续备。

太史公推古天变，未有可
考于今者。盖略以春秋二百
四十二年之间，日蚀三十六，
彗星三见，宋襄公时星陨如雨。
天子微，诸侯力政，五伯代兴，
更为主命。自是之后，众暴寡，
大并小。秦、楚、吴、越，夷
狄也，为强伯。田氏篡齐，三
家分晋，并为战国。争于攻取，
兵革更起，城邑数屠，因以饥
馑疾疫焦苦，臣主共忧患，其
察礼祥候星气尤急。近世十二
诸侯七国相王，言从衡者继踵，
而皋、唐、甘、石因时务论其

书传,故其占验凌杂米盐。

二十八舍主十二州,斗秉兼之,所从来久矣。秦之疆也,候在太白,占于狼、弧。吴、楚之疆,候在荧惑,占于鸟衡。燕、齐之疆,候在辰星,占于虚、危。宋、郑之疆,候在岁星,占于房、心。晋之疆,亦候在辰星,占于参、罚。

及秦并吞三晋、燕、代,自河山以南者中国。中国于四海内则在东南,为阳;阳则日、岁星、荧惑、填星;占于街南,毕主之。其西北则胡、貉、月氏诸衣旃裘引弓之民,为阴;阴则月、太白、辰星;占于街北,昂主之。故中国山川东北流,其维,首在陇、蜀,尾没于勃、碣。是以秦、晋好用兵,复占太白,太白主中国;而胡、貉数侵掠,独占辰星,辰星出入躁疾,常主夷狄:其大经也。此更为客主人。荧惑为孛,外则理兵,内则理政。故曰:"虽有明天子,必视荧惑所在。"诸侯更强,时灾异记,无可录者。

言纵横者接踵而至,而尹皋、唐眛、甘德、石申根据时势论述他们的著作,所以他们的占验凌乱庞杂,像米盐般细碎。

二十八舍主宰十二州,而北斗兼主十二州,这种说法由来已久了。秦国的疆域,须占候太白星,占卜狼星、弧星。吴、楚的疆域,须占候荧惑,占卜鸟星、衡星。燕、齐的疆域,须占候辰星,占卜虚宿、危宿。宋、郑的疆域,须占候岁星,占卜房宿、心宿。晋的疆域,也须占候辰星,占卜参宿、罚星。

等到秦国吞并三晋、燕、代,自华山与黄河以南的地区是中原。中原在四海之内属东南,属阳,阳则与日、岁星、荧惑、填星相应;占卜于天街星以南,以毕宿为主。中原西北是胡、貉、月氏等穿皮衣拉弓箭的民族,属阴,阳则与月、太白、辰星相应;占卜于天街星以北,以昂宿为主。所以中原的山川是东北走向,它们的脉络是,头在陇、蜀,尾淹没于渤海、碣石。因此秦、晋好用兵,也占太白星,太白主掌中原;而胡、貉数次侵犯掠夺,只需要占卜辰星,辰星出入时躁动迅疾,常主占夷狄。这是大致情形。太白与辰星交替充当主客。荧惑悖乱,对外理兵,对内理政。所以说:"即使有圣明的天子,也必须观察荧惑所在的位置。"诸侯更相强大,当时的灾异记载没有值得记录的。

秦始皇时期，十五年间彗星四次出现，出现时间久的一次有八十天，星体长的有时横亘天空。这以后秦国最终以武力灭掉六国，统一中国，对外攘除四夷，死人多如乱麻，因此张楚等势力并起，三十年间兵士互相践踏致死的人，不可胜数。自蚩尤以来，不曾像这样过。

项羽援救巨鹿，枉矢星向西流动，山东诸侯于是联合起来，西进坑杀秦人，诛杀屠灭咸阳城。

汉朝兴起，五星聚集于东井宿。高祖被围困于平城，有月晕七重出现于参宿、毕宿。吕氏众人作乱时，发生日食，白昼昏暗。吴、楚七国叛乱时，有数丈长的彗星，有天狗星经过梁国郊野；等到兵起以后，在梁国尸横遍野。元光、元狩年间，蚩尤之旗两次出现，长达半个天空。这以后京城军队四方出击，诛伐夷狄的战争经历数十年，而讨伐胡人的战争最为激烈。越国灭亡之时，荧惑留守于斗宿；朝鲜被攻破时，有彗星出现于南河、北河；出兵征伐大宛时，有彗星出现于招摇星附近：这是一些明显的征兆。至于那些细微隐晦的小变化，更是说不完。由此看来，没有一件事不是先由天象表现出来然后才在世间应验的。

自汉朝以来占卜天数的人，推演星象的是唐都，会望云气的是王朔，占卜年成

秦始皇之时，十五年彗星四见，久者八十日，长或竟天。其后秦遂以兵灭六王，并中国，外攘四夷，死人如乱麻，因以张楚并起，三十年之间兵相驹藉，不可胜数。自蚩尤以来，未尝若斯也。

项羽救钜鹿，枉矢西流，山东遂合从诸侯，西坑秦人，诛屠咸阳。

汉之兴，五星聚于东井。平城之围，月晕参、毕七重。诸吕作乱，日蚀，昼晦。吴楚七国叛逆，彗星数丈，天狗过梁野；及兵起，遂伏尸流血其下。元光、元狩，蚩尤之旗再见，长则半天。其后京师师四出，诛夷狄者数十年，而伐胡尤甚。越之亡，荧惑守斗；朝鲜之拔，星茀于河戍；兵征大宛，星茀招摇：此其荦荦大者。若至委曲小变，不可胜道。由是观之，未有不先形见而应随之者也。

夫自汉之为天数者，星则唐都，气则王朔，占岁则魏鲜。

故甘、石历五星法，唯独荧惑有反逆行；逆行所守，及他星逆行，日月薄蚀，皆以为占。

余观史记，考行事，百年之中，五星无出而不反逆行，反逆行，尝盛大而变色；日月薄蚀，行南北有时：此其大度也。故紫宫、房心、权衡、咸池、虚危列宿部星，此天之五官坐位也，为经，不移徙，大小有差，阔狭有常。水、火、金、木、填星，此五星者，天之五佐，为纬，见伏有时，所过行赢缩有度。

日变修德，月变省刑，星变结和。凡天变，过度乃占。国君强大有德者昌。弱小饰诈者亡。太上修德，其次修政，其次修救，其次修禳，正下无之。夫常星之变希见，而三光之占亟用。日月晕适，云风，此天之客气，其发见亦有大运。然其与政事俯仰，最近天人之符。此五者，天之感动。为天数者，必通三五。终始古今，深观时变，察其精粗，则天官备矣。

的是魏鲜。过去甘德、石申历法中的五星法中，只有荧惑有逆行的现象；逆行所停留的星宿，以及其他星的逆行，还有日食、月食，都是可以用来占卜的。

我观看史书的记载，考察历朝发生的事情，近百年之间，五星中没有出现却不反向逆行的，反向逆行时，星体常会变大且颜色也有所变化；日食和月食的发生，与太阳和月亮在黄道南北的运行有关，这是大致的规律。所以紫宫、房心、权衡、咸池、虚危各星宿内的星，是天上五官的位置，是经星，不移动迁徙，大小有差别，宽窄各有常度。水、火、金、木、填这五颗星，是天上五官的辅佐，是纬星，它们的出现和隐伏各有一定规律，运行以及赢缩也都有确定的度数。

日有变化应当修德，月有变化应当减省刑罚，星有变化应当凝聚人心。天体变化超过一定度数才进行占卜。国君强大，有德的昌盛；国君弱小，喜欢文饰伪诈的灭亡。最好的是修养德行，其次是修明政教，再次是采取补救措施，再次是祭祀天神禳除灾害，最下者是不采取任何措施。普通经星的变化很少见，而日、月、星三光的占候时常使用。日晕、月晕、日食、月食、云和风，这是天上偶有的气象，它们的出现也会象征着大的气运变化。然而它们与政事相关联，是最接近天与人之间的感应。这五种现象，都是天有所感而产生的变动。占卜天数的人，必须通晓日、月、星三光及五气的运行规律。通贯地了解古今，深刻地观察时势变化，研究它们精细和粗劣的地方，那么可以说是了解天官这门学问了。

苍帝施行德泽，天门为它开放。赤帝施行德泽，天牢因为它而空虚。黄帝施行德泽，天妖为它起变化。风从西北来，必在庚、辛两日。一个秋季中，这种风能来五次，有大赦；来三次，有小赦。白帝施行德泽，在正月二十日、二十一日，有月晕成围，常常是有大赦的一年，这可以认为是有太阳的缘故。有一种说法是：白帝施行德泽，毕宿、昴宿被月晕包围。围三个晚上，功德才算完成；不足三晚，或者围不合拢，功德不成。另一种说法是：辰星被月晕所围，应验的时间不出旬日。黑帝施行德泽，天关为它变动。上述五方天帝施行德泽，天子要随之更换年号；若不施行德泽，将有大风大雨带来石破天惊的灾殃。三能、三衡，是天帝的宫廷。客星出现于天廷之中，将有异常的政令。

苍帝行德，天门为之开。赤帝行德，天牢为之空。黄帝行德，天夭为之起。风从西北来，必以庚、辛。一秋中，五至，大赦；三至，小赦。白帝行德，以正月二十日、二十一日，月晕围，常大赦载，谓有太阳也。一曰：白帝行德，毕、昴为之围，围三暮，德乃成；不三暮，及围不合，德不成。二曰：以辰围，不出其句。黑帝行德，天关为之动。天行德，天子更立年；不德，风雨破石。三能、三衡者，天廷也。客星出天廷，有奇令。

封禅书

自古以来承受天命的帝王，有谁不封禅吗？有没显示瑞应就去封禅的人，而没有见到瑞应出现还不去泰山封禅的人。有的人虽已承受天命但功德不够，有的人已到梁父了但他的德行还与封禅之事不匹配，有的德行与封禅之事匹配了而又无暇举行封禅典礼，所以封禅的事很少。《论语》说："三年不行礼，礼制一定废弃；三年不举乐，乐教一定崩坏。"每逢盛世，就举行封禅礼报答上天的恩德，等到后世衰落就停息了。远的有一千多年，近的有数百年，所以封禅的礼仪残缺以至湮灭，它的详细情况无法找到并记载下来了。

《尚书》说，舜用璇、玑、玉衡之器来观测日月五星。于是类祭上帝，禋祭于六神，遥祭山川，遍祭群神。收集各方诸侯的瑞玉，选择吉月吉日，会见四岳诸侯牧守，将瑞玉返还。当年二月，到东方巡狩，到达岱宗。岱宗，就是泰山。柴祭天神，然后依次遥祭名山大川。于是接见东后。东后，就是东方诸侯。调和四时和日

自古受命帝王，曷尝不封禅？盖有无其应而用事者矣，未有睹符瑞见而不臻乎泰山者也。虽受命而功不至，至梁父矣而德不洽，洽矣而日有不暇给，是以即事用希。传曰："三年不为礼，礼必废；三年不为乐，乐必坏。"每世之隆，则封禅答焉，及衰而息。厥旷远者千有余载，近者数百载，故其仪阙然堙灭，其详不可得而记闻云。

《尚书》曰，舜在璇玑玉衡，以齐七政。遂类于上帝，禋于六宗，望山川，遍群神。辑五瑞，择吉月日，见四岳诸牧，还瑞。岁二月，东巡狩，至于岱宗。岱宗，泰山也。柴，望秩于山川。遂觐东后。东后者，诸侯也。合时月正日，同律度量衡，

修五礼，五玉三帛二生一死贽。五月，巡狩至南岳。南岳，衡山也。八月，巡狩至西岳。西岳，华山也。十一月，巡狩至北岳。北岳，恒山也。皆如岱宗之礼。中岳，嵩高也。五载一巡狩。

禹遵之。后十四世，至帝孔甲，淫德好神，神渎，二龙去之。其后三世，汤伐桀，欲迁夏社，不可，作《夏社》。后八世，至帝太戊，有桑穀生于廷，一暮大拱，惧。伊陟曰："妖不胜德。"太戊修德，桑穀死。伊陟赞巫咸，巫咸之兴自此始。后十四世，帝武丁得傅说为相，殷复兴焉，称高宗。有雉登鼎耳雊，武丁惧。祖己曰："修德。"武丁从之，位以永宁。后五世，帝武乙慢神而震死。后三世，帝纣淫乱，武王伐之。由此观之，始未尝不肃祗，后稍怠慢也。

《周官》曰，冬日至，祀天于南郊，迎长日之至；夏日至，祭地祗。皆用乐舞，而神

期，统一音律和度量衡，修订祭祀、丧葬、军旅、宾客、婚冠五礼，以及五玉、三帛、二生、一死各等级的贽见礼。五月，巡狩到南岳。南岳，就是衡山。八月，巡狩到西岳。西岳，就是华山。十一月，巡狩到北岳。北岳，就是恒山。都与岱宗礼仪相同。中岳，就是嵩高山。五年巡狩一次。

禹沿袭这种巡狩制度。后经十四世，到帝孔甲，行为放荡，热衷于鬼神之事，神被亵渎，有二龙离去。这之后的三世，商汤讨伐桀，想迁移夏的社坛，遭到了拒绝，作了《夏社》。往后八世，到帝太戊，有桑树、穀树生长于朝堂前，一夜之间长到拱把粗，太戊很害怕。伊陟说："妖邪不会战胜德行。"太戊于是修养德行，桑树、穀树枯萎而死。伊陟将此事告知巫咸，巫觋之职的兴盛从此开始。之后十四世，帝武丁得到傅说，任为宰相，殷朝又兴盛起来，武丁称为高宗。有野鸡登上鼎耳鸣叫，武丁害怕。祖己说："要修身立德。"武丁听从了他的话，帝位得以永久安宁。之后五世，帝武乙怠慢神灵，被雷震死。之后三世，帝纣淫乱，周武王讨伐他。由此看来，开始时未曾不严肃恭敬，可是后来渐渐怠慢松懈了。

《周官》说，冬至这天，祭天于城南郊，迎接夏至的到来；夏至这天，祭祀地的神祗，都需要用乐舞，这样才能招致神并加

以礼遇。天子祭祀天下的名山大川，把五岳视同三公，把四渎视同诸侯，诸侯祭祀他们疆域内的名山大川。四渎，是指长江、黄河、淮水、济水。天子祭祀的地方称为明堂、辟雍，诸侯祭祀的地方称为泮宫。

周公辅佐成王，郊祭时以后稷配天，宗庙祭祀时在明堂祭文王以配上帝。自从夏禹兴起而祭祀社神，后稷稼穑有功，所以才有稷祠，郊祭与社祭的由来已经很久了。

自周灭殷以后十四世，世道更加衰微，礼乐废弃，诸侯恣意行事，而周幽王被犬戎打败，周朝都城东迁到洛邑。秦襄公攻打犬戎援救周朝，开始列为诸侯。秦襄公成为诸侯之后，居住在西垂，自认为应当主持祭祀少暤神，修建西畤，祭祀白帝，祭祀时的牺牲用赤身黑鬣的马驹、黄牛、羝羊各一头。此后十六年，秦文公向东狩猎到达汧水、渭水之间，占卜居住在这里是否吉利，得到吉兆。文公梦见黄蛇自天上垂到地面，蛇的嘴巴停在鄜地的山坡上。文公问史敦，史敦说："这是上帝的象征，请您祭祀它。"于是建立了鄜畤，用牛、羊、猪三牲郊祭白帝。

在没有建立鄜畤时，雍城旁原有吴阳武畤，雍城东有好畤，都已经废弃无人祭祀。有人说："自古以来因雍州地势高，为神明聚集处，所以立畤来祭祀上帝，诸

乃可得而礼也。天子祭天下名山大川，五岳视三公，四渎视诸侯，诸侯祭其疆内名山大川。四渎者，江、河、淮、济也。天子曰明堂、辟雍，诸侯曰泮宫。

周公既相成王，郊祀后稷以配天，宗祀文王于明堂以配上帝。自禹兴而修社祀，后稷稼穑，故有稷祠，郊社所从来尚矣。

自周克殷后十四世，世益衰，礼乐废，诸侯恣行，而幽王为犬戎所败，周东徙雒邑。秦襄公攻戎救周，始列为诸侯。秦襄公既侯，居西垂，自以为主少暤之神，作西畤，祠白帝，其牲用骝驹、黄牛、羝羊各一云。其后十六年，秦文公东猎汧渭之间，卜居之而吉。文公梦黄蛇自天下属地，其口止于鄜衍。文公问史敦，敦曰："此上帝之征，君其祠之。"于是作鄜畤，用三牲郊祭白帝焉。

自未作鄜畤也，而雍旁故有吴阳武畤，雍东有好畤，皆废无祠。或曰："自古以雍州积高，神明之隩，故立畤郊上帝，

诸神祠皆聚云。盖黄帝时尝用事，虽晚周亦郊焉。"其语不经见，缙绅者不道。

作鄜畤后九年，文公获若石云，于陈仓北阪城祠之。其神或岁不至，或岁数来，来也常以夜，光辉若流星，从东南来，集于祠城，则若雄鸡，其声殷云，野鸡夜雊。以一牢祠，命曰陈宝。

作鄜畤后七十八年，秦德公既立，卜居雍，"后子孙饮马于河"，遂都雍。雍之诸祠自此兴。用三百牢于鄜畤。作伏祠。磔狗邑四门，以御蛊灾。

德公立二年卒。其后四年，秦宣公作密畤于渭南，祭青帝。

其后十四年，秦缪公立，病卧五日不寤；寤，乃言梦见上帝，上帝命缪公平晋乱。史书而记藏之府。而后世皆曰秦缪公上天。

秦缪公即位九年，齐桓公既霸，会诸侯于葵丘，而欲封禅。管仲曰："古者封泰山禅梁父者七十二家，而夷吾所记

神的祠庙也都聚集在这里。大概黄帝时曾在这里祭祀，就是周朝末期时也在此举行郊祭。"这些话不见于经传，缙绅大夫也不说这类事。

建成鄜畤后九年，秦文公获得像石头一样的宝物，在陈仓北坡的城邑中祭祀它。它的神灵有时一年不来，有时一年来数次，来时也常在夜间，发出的光辉像流星，从东南方来，会集在祠城中，像雄鸡一样，它的声音殷殷然，引得野鸡夜间啼叫。用牛、羊、猪各一头祭祀，称这宝物为陈宝。

建成鄜畤后七十八年，秦德公即位，占卜居住在雍城是否吉利，卜辞显示的意思是"后世子孙将在黄河边饮马"，于是定都雍城。雍城的诸多祠庙从此兴盛。用牛、羊、猪各三百头在鄜畤祭祀。在伏日祭祀。把狗肉剁碎放置在雍城四门，以抵御邪灾。

秦德公即位两年后去世，这以后四年，秦宣公在渭水以南修建密畤，祭祀青帝。

这之后十四年，秦穆公即位，曾病，卧床五日不醒；醒来后，就说梦见了上帝，上帝命穆公平定晋国内乱。史官记录下来收藏在内府。而后人都说秦穆公上过天。

秦穆公即位九年，齐桓公称霸后，在葵丘和诸侯会盟，想要封禅。管仲说："古时在泰山祭天、在梁父祭地的有七十二家，而我所记得的有十二家。昔日无怀氏在泰

山祭天，在云云山祭地；伏羲在泰山祭天，在云云山祭地；神农在泰山祭天，在云云山祭地；炎帝在泰山祭天，在云云山祭地；黄帝在泰山祭天，在亭亭山祭地；颛顼在泰山祭天，在云云山祭地；帝喾在泰山祭天，在云云山祭地；尧在泰山祭天，在云云山祭地；舜在泰山祭天，在云云山祭地；禹在泰山祭天，在会稽山祭地；汤在泰山祭天，在云云山祭地；周成王在泰山祭天，在社首山祭地。这些人都是承受天命然后才行封禅。"齐桓公说："寡人向北讨伐山戎，路过孤竹；向西讨伐大夏，穿越流沙，缠束马匹，悬钩车辆，登上卑耳之山；向南征伐到达召陵，登上熊耳山以眺望长江、汉水。为平乱伐叛召集诸侯会兵三次，为政治、外交等事宜集会六次，九次会合诸侯、一次匡扶天下，诸侯中没有谁敢违抗我。与昔日夏、商、周三代承受天命的君王相比，又有什么不同呢？"在这时管仲看出不可能以言辞说服齐桓公，就设置些难办的事来阻止他，说："古代封禅，要用鄗上的黍，北里的禾，作为祭天用的粢盛；用江淮之间产的三脊灵茅，作为荐神之物的垫席。要有东海贡来的比目鱼，西海贡来的比翼鸟，以及其他十五种不召自来的宝物。如今凤凰、麒麟不来，嘉谷没有生出，而蓬蒿、藜、莠很茂盛，鸱枭多次飞来，这样就想封禅，是不是不

者十有二焉。昔无怀氏封泰山，禅云云；虑羲封泰山，禅云云；神农封泰山，禅云云；炎帝封泰山，禅云云；黄帝封泰山，禅亭亭；颛顼封泰山，禅云云；帝告封泰山，禅云云；尧封泰山，禅云云；舜封泰山，禅云云；禹封泰山，禅会稽；汤封泰山，禅云云；周成王封泰山，禅社首。皆受命然后得封禅。"桓公曰："寡人北伐山戎，过孤竹；西伐大夏，涉流沙，束马悬车，上卑耳之山；南伐至召陵，登熊耳山以望江汉。兵车之会三，而乘车之会六，九合诸侯，一匡天下，诸侯莫违我。昔三代受命，亦何以异乎？"于是管仲睹桓公不可穷以辞，因设之以事，曰："古之封禅，鄗上之黍，北里之禾，所以为盛；江淮之间，一茅三脊，所以为藉也。东海致比目之鱼，西海致比翼之鸟，然后物有不召而自至者十有五焉。今凤凰麒麟不来，嘉谷不生，而蓬蒿藜莠茂，鸱枭数至，而欲封禅，毋乃不可乎？"于是桓公乃止。

是岁，秦缪公内晋君夷吾。其后三置晋国之君，平其乱，缪公立三十九年而卒。

其后百有余年，而孔子论述六蓺，传略言易姓而王，封泰山禅乎梁父者七十余王矣，其俎豆之礼不章，盖难言之。或问禘之说，孔子曰："不知。知禘之说，其于天下也视其掌。"诗云纣在位，文王受命，政不及泰山。武王克殷二年，天下未宁而崩。爰周德之洽维成王，成王之封禅则近之矣。及后陪臣执政，季氏旅于泰山，仲尼讥之。

是时苌弘以方事周灵王，诸侯莫朝周，周力少，苌弘乃明鬼神事，设射貍首。貍首者，诸侯之不来者。依物怪欲以致诸侯。诸侯不从，而晋人执杀苌弘。周人之言方怪者自苌弘。

其后百余年，秦灵公作吴阳上畤，祭黄帝；作下畤，祭

太合适？"于是桓公打消了封禅的念头。

这年，秦穆公送夷吾回国做晋君。这之后三次立晋国国君，平定晋国内乱，穆公在位三十九年而死。

之后的一百多年，孔子论述六艺，书传中大致谈论到天下改朝换姓的帝王，在泰山祭天、在梁父祭地的有七十多位，孔子论述中有关祭器、祭品的礼节不够详尽，大概是难以说清它的缘故。有人问禘祭的事，孔子说："不知道。若谁知道禘祭的事，那么他处理天下的事也就如同在看自己的手掌一样简单了。"诗中说纣王在位，周文王承受天命时，功德还不足以去泰山。武王在灭殷后两年，天下还没安定时就去世了。所以周朝唯有到成王时功德才与封禅匹配，成王想封禅就近乎情理了。等到后来诸侯的陪臣执政，季氏到泰山祭祀，仲尼讥讽了他。

这时苌弘凭借方术之事侍奉周灵王，诸侯都不去朝见周天子，周朝势力衰弱，苌弘于是宣扬鬼神之事，设置行射礼时歌《貍首》的环节。《貍首》，就是指那些不来朝见的诸侯，他想依靠物怪的力量让诸侯来朝。诸侯不服从，而晋人抓住并杀了苌弘。周人谈论方术物怪的风气从苌弘开始。

这之后一百多年，秦灵公在吴阳修建上畤，祭祀黄帝；修建下畤，祭祀炎帝。

之后四十八年，周太史儋进见秦献公说：“秦起初与周合并，合并后又分离，五百年后应当重新合并，合并十七年后将有霸王出现。”栎阳落黄金雨，秦献公自认为得到了五行中金的祥瑞，所以在栎阳修建畤而祭祀白帝。

这之后一百二十年秦灭周朝，周朝的九鼎归入秦国。有人说宋国的太丘社坛被毁以后，九鼎沉没在彭城下的泗水中。

这之后一百一十五年，秦国兼并天下。

秦始皇兼并天下而称帝之后，有人说：“黄帝得到土德，有黄龙、巨蚓出现。夏朝得到木德，有青龙停留在都城郊外，草木格外茂盛。殷朝得到金德，有银从山间流出。周朝得到火德，有赤乌的符瑞。如今秦朝改变周朝的天下，是得水德之时。昔日秦文公出外打猎，获得黑龙，这就是他水德的祥瑞。”于是秦朝改称黄河的名字为“德水”，以冬季十月为一年的开头，颜色崇尚黑色，数字多以六数，音律崇尚大吕，政事崇尚法令。

秦始皇即帝位三年，向东巡察郡县，祭祀驺峄山，歌颂秦的功德事业。于是征调齐、鲁两地的儒生博士七十人为随从，到达泰山下。众儒生中，有人建议说：“古时封禅乘坐用蒲草包裹车轮的车子，是怕伤害到山上的土石草木；打扫干净地面而

炎帝。

后四十八年，周太史儋见秦献公曰：“秦始与周合，合而离，五百岁当复合，合十七年而霸王出焉。”栎阳雨金，秦献公自以为得金瑞，故作畤栎阳而祀白帝。

其后百二十岁而秦灭周，周之九鼎入于秦。或曰宋太丘社亡，而鼎没于泗水彭城下。

其后百一十五年而秦并天下。

秦始皇既并天下而帝，或曰：“黄帝得土德，黄龙地螾见。夏得木德，青龙止于郊，草木畅茂。殷得金德，银自山溢。周得火德，有赤乌之符。今秦变周，水德之时。昔秦文公出猎，获黑龙，此其水德之瑞。”于是秦更命河曰德水，以冬十月为年首，色上黑，度以六为名，音上大吕，事统上法。

即帝位三年，东巡郡县，祠驺峄山，颂秦功业。于是征从齐鲁之儒生、博士七十人，至乎泰山下。诸儒生或议曰：“古者封禅为蒲车，恶伤山之土石草木；埽地而祭，席用菹

秸，言其易遵也。”始皇闻此
议各乖异，难施用，由此绌儒
生。而遂除车道，上自泰山阳
至巅，立石颂秦始皇帝德，明
其得封也。从阴道下，禅于梁父。
其礼颇采太祝之祀雍上帝所用，
而封藏皆秘之，世不得而记也。

始皇之上泰山，中阪遇暴
风雨，休于大树下。诸儒生既绌，
不得与用于封事之礼，闻始皇
遇风雨，则讥之。

于是始皇遂东游海上，行
礼祠名山大川及八神，求仙人
羡门之属。八神将自古而有之，
或曰太公以来作之。齐所以为
齐，以天齐也。其祀绝，莫知
起时。八神：一曰天主，祠天
齐。天齐渊水，居临菑南郊山
下者。二曰地主，祠泰山梁父。
盖天好阴，祠之必于高山之下，
小山之上，命曰“畤”；地贵阳，
祭之必于泽中圜丘云。三曰兵
主，祠蚩尤。蚩尤在东平陆监乡，
齐之西境也。四曰阴主，祠三山。
五曰阳主，祠之罘。六曰月主，

祭祀，垫席用禾秸编成，说明古礼是很容
易遵行的。”秦始皇听到这些议论各不一
致，难以施行，由此罢黜儒生。于是清除
车道，从泰山南面上山到达泰山顶峰。竖
立石碑歌颂秦始皇帝的功德，表明他得以
封禅的道理。从北面的道路下山，在梁父
祭地。封禅的礼仪大多采用太祝在雍城祭
祀上帝时所用的礼仪，而这些礼仪都封藏
起来秘而不宣，世人无法得知并将其记载
下来了。

秦始皇上泰山时，在山腰遇到暴风雨，
在大树下休息。众儒生被罢黜之后，不能
参与用于封禅的礼仪，听说始皇遇到风雨，
就讥笑他。

于是秦始皇又向东到海上巡游，举行
典礼祭祀名山大川及八神，访求羡门高之
类的仙人。八神将的名目自古就有，有人
说是姜太公以来才有的。齐国之所以称为
“齐”，就是天齐神的缘故。天齐的祭祀
已经废绝，不知起于何时。八神：第一位
叫天主，在天齐祭祀，有天齐渊水，在临
淄城南郊的山脚下。第二位叫地主，在泰
山的梁父祭祀。大概天性喜阴，祭祀它必
须在高山之下，小山之上，称为“畤”；
地性喜阳，祭祀它必须在大泽中的圜丘上。
第三位叫兵主，在蚩尤冢祭祀。蚩尤冢在
东平陆监乡，齐国的西部边境。第四位叫
阴主，在三山祭祀。第五位叫阳主，在之

罘山祭祀。第六位叫月主，在莱山祭祀。都在齐国北部，临近渤海。第七位叫日主，在成山祭祀。成山陡峭险峻直伸入海，在齐国东北部的边隅地区，据说是迎接日出的地方。第八位叫四时主，在琅邪祭祀，琅邪在齐国的东部，为一年开始最早的地方。祭祀这八位神都各用牺牲一牢，而巫祝的数目有所不同，珪币的名目、数目也各不相同。

自齐威王、齐宣王时，驺衍等人著书立说，论述五德终始变化，等到秦称帝后有齐人把这套理论上奏给皇帝，所以始皇采用了它。而宋毋忌、正伯侨、充尚、羡门高最后都是燕国人，讲求方术和神仙之道，宣扬人形体消亡而灵魂升天，以及依托鬼神等事。驺衍以阴阳主运数的理论显名于诸侯，而燕、齐地区海上的方士也传习他的理论，却不能通晓，但一些荒诞奇怪、阿谀奉承、苟且求合的人从此兴起，多得不可胜数。

从齐威王、齐宣王、燕昭王时就派人入海寻找蓬莱、方丈、瀛洲。这三座神山，相传在渤海之中，距人不远；困难在于将到时，就会有海风吹引船只离山而去。相传曾经有人到过那里，众仙人和不死之药都在那里。那里禽兽都是白色，以黄金白银建造宫阙。没到达时，那里望着如同一片云海；等到了那里，就发现三座神山反

祠之莱山。皆在齐北，并勃海。七曰日主，祠成山。成山斗入海，最居齐东北隅，以迎日出云。八曰四时主，祠琅邪。琅邪在齐东方，盖岁之所始。皆各用一牢具祠，而巫祝所损益，珪币杂异焉。

自齐威、宣之时，驺子之徒论著终始五德之运，及秦帝而齐人奏之，故始皇采用之。而宋毋忌、正伯侨、充尚、羡门高最后皆燕人，为方仙道，形解销化，依于鬼神之事。驺衍以"阴阳主运"显于诸侯，而燕齐海上之方士传其术不能通，然则怪迂阿谀苟合之徒自此兴，不可胜数也。

自威、宣、燕昭使人入海求蓬莱、方丈、瀛洲。此三神山者，其传在勃海中，去人不远；患且至，则船风引而去。盖尝有至者，诸仙人及不死之药皆在焉。其物禽兽尽白，而黄金银为宫阙。未至，望之如云；及到，三神山反居水下。

临之，风辄引去，终莫能至云。世主莫不甘心焉。及至秦始皇并天下，至海上，则方士言之不可胜数。始皇自以为至海上而恐不及矣，使人乃赍童男女入海求之。船交海中，皆以风为解，曰未能至，望见之焉。其明年，始皇复游海上，至琅邪，过恒山，从上党归。后三年，游碣石，考入海方士，从上郡归。后五年，始皇南至湘山，遂登会稽，并海上，冀遇海中三神山之奇药。不得，还至沙丘崩。

二世元年，东巡碣石，并海南，历泰山，至会稽，皆礼祠之，而刻勒始皇所立石书旁，以章始皇之功德。其秋，诸侯畔秦。三年而二世弑死。

始皇封禅之后十二岁，秦亡。诸儒生疾秦焚《诗》《书》，诛僇文学，百姓怨其法，天下畔之，皆讹曰："始皇上泰山，为暴风雨所击，不得封禅。"此岂所谓无其德而用事者邪？

昔三代之居皆在河洛之间，故嵩高为中岳，而四岳各如其

而在海水之下。临近神山，海风每每吹引船离去，始终不能到达。世俗间的君主都没有办法。等到秦始皇统一天下，来到海上，向始皇谈论这些事的方士数不胜数。秦始皇认为自己到达海上恐怕也找不到，于是派人带着童男童女到海上寻找三座神山。船从海上回来，都以遇风为借口，说没能到达，但可以望见。第二年，始皇重游海上，到达琅邪，路过恒山，从上党回都城。三年后，巡游碣石山，问入海寻仙的方士，再从上郡回都城。五年后，始皇向南到达湘山，接着登上会稽山，沿海而上，希望能得到三座神山中的仙药。没有得到，返回到达沙丘时驾崩。

秦二世元年，向东巡游到碣石，沿海南下，经过泰山，到达会稽，都按礼制祭祀了神祇，并在始皇所立石碑旁勒文记事，以彰显始皇的功德。这年秋天，诸侯背叛秦朝。三年后秦二世被弑杀。

始皇封禅之后十二年，秦朝灭亡。众儒生痛恨秦朝焚毁《诗》《书》，诛杀、侮辱文学之士，百姓也怨恨秦朝的法律，天下人都背叛秦朝，都讹传说："始皇上泰山，被暴风雨所阻，没能封禅。"这说的不就是不具备仁德之心而强求去封禅的人吗？

昔日夏、商、周三代的都城都在黄河、洛水之间，所以嵩高山称为中岳，其他四

岳都按其方位命名，四渎都在崤山以东。等到秦称帝，建都咸阳，五岳、四渎就都在都城东方了。从五帝以来到秦朝，迭兴迭衰，名山大川或在诸侯境内，或在天子境内，祭祀的礼仪有增有减，随着世代不同而变异，不能一一记载。到秦统一天下后，命令祠官经常供奉天地名山大川以及诸鬼神，这些才能够依次记述下来。

在当时自崤山以东，有五座名山、两条大川要祭祀。一座名为太室，太室，就是嵩高山。其他的名为恒山、泰山、会稽山、湘山。水名是济水、淮水。春季是在河水刚刚解冻的时候用肉干和酒祭祀，秋季时在河水干涸快上冻时祭祀，冬季时为感谢河神一年的赐福而祭祀。祭祀的牺牲各用牛犊一头，祭器和珪币的数量各不相同。

自华山以西，有七座名山，四条大川。名为华山、薄山。薄山，就是衰山。岳山、岐山、吴岳、鸿冢、渎山。渎山，就是蜀中的汶山。水名为河，在临晋祭祀；沔水，在汉中祭祀；湫渊，在朝那祭祀；江水，在蜀中祭祀。也是在春季解冻，秋季河水干涸及冬季祈祷祭祀，与东方名山大川相同；而祭祀时用的牛犊以及祭器和珪币的数量各不相同。此外四大冢鸿冢、岐冢、吴冢、岳冢，都有贡献一年新禾的祭祀。

在陈宝祠庙祭祀陈宝。祭祀河水时加上新酿制的醪酒。这些都在雍州境内，靠

方，四渎咸在山东。至秦称帝，都咸阳，则五岳、四渎皆并在东方。自五帝以至秦，轶兴轶衰，名山大川或在诸侯，或在天子，其礼损益世殊，不可胜记。及秦并天下，令祠官所常奉天地名山大川鬼神可得而序也。

于是自崤以东，名山五，大川祠二。曰太室。太室，嵩高也。恒山，泰山，会稽，湘山。水曰济，曰淮。春以脯酒为岁祠，因泮冻，秋涸冻，冬塞祷祠。其牲用牛犊各一，牢具珪币各异。

自华以西，名山七，名川四。曰华山，薄山。薄山者，衰山也。岳山，岐山，吴岳，鸿冢，渎山。渎山，蜀之汶山。水曰河，祠临晋；沔，祠汉中；湫渊，祠朝那；江水，祠蜀。亦春秋泮涸祷塞，如东方名山川；而牲牛犊牢具珪币各异。而四大冢鸿、岐、吴、岳，皆有尝禾。

陈宝节来祠，其河加有尝醪。此皆在雍州之域，近天子

之都，故加车一乘，骝驹四。

霸、产、长水、沣、涝、泾、渭皆非大川，以近咸阳，尽得比山川祠，而无诸加。

汧、洛二渊，鸣泽、蒲山、岳𡺷山之属，为小山川，亦皆岁祷塞泮涸祠，礼不必同。

而雍有日、月、参、辰、南北斗、荧惑、太白、岁星、填星、辰星、二十八宿、风伯、雨师、四海、九臣、十四臣、诸布、诸严、诸逑之属，百有余庙。西亦有数十祠。于湖有周天子祠。于下邽有天神。沣、滈有昭明、天子辟池。于杜亳有三杜主之祠、寿星祠，而雍菅庙亦有杜主。杜主，故周之右将军，其在秦中，最小鬼之神者。各以岁时奉祠。

唯雍四畤上帝为尊，其光景动人民唯陈宝。故雍四畤，春以为岁祷，因泮冻，秋涸冻，冬塞祠，五月尝驹，及四仲之月，祠若月祠陈宝节来一祠。春夏用骍，秋冬用骝。畤驹四

近天子的都城，所以祭祀时增加一辆车，四匹赤身黑鬣的马驹。

霸水、产水、长水、沣水、涝水、泾水、渭水都不是大川，因为靠近咸阳，都得到与名山大川相同规格的祭祀，但不另外增加祭品。

汧水、洛水，还有鸣泽山、蒲山、岳𡺷山之类，都是小山川，也都有每年的祷祭和解冻、封冻时的祭祀，但礼仪不一定相同。

而雍州有日、月、参、辰、南北斗、荧惑、太白、岁星、填星、辰星、二十八宿、风伯、雨师、四海、九臣、十四臣、诸布、诸严、诸逑之类的一百多座祠庙。西方也有数十座祠庙。在湖县有周天子祠，在下邽有天神祠。在沣县、滈县有昭明祠、天子辟池。在杜县、亳县有三座杜主的祠、寿星祠；而雍城的菅庙中也有杜主祠。杜主，原是周朝的右将军，他在秦中地区是小神里最灵验的。这些祠庙每年按时供奉祭祀。

唯有雍州四畤的上帝，祭祀场面最激动人心的要数陈宝祠。所以雍州四畤，在春季解冻、秋季河水干涸及冬季祈祷祭祀，五月进献马驹，以及四季之仲月举行月祭，而陈宝祠只有陈宝神应节时祭祀一次。春夏祭祀用红色马，秋冬用赤身黑鬣马。每

時用马驹四匹，四条木偶龙拉着的木偶栾车一乘，四匹木偶马拉的木偶马车一乘，颜色与各方天帝对应的五方颜色相同。黄牛犊和羊羔各四只，珪币各有一定数量，都活埋在地下，没有俎、豆等祭器。三年举行一次郊祀。秦朝以冬季十月为一年的开头，所以常以十月斋戒郊祭上帝，从祭祀的地方点燃烽火直到宫城处，皇帝在咸阳宫旁拜祭，衣服崇尚白色，用具与通常祭祀用的一样。西畤、畦畤，祭祀情况与原来一样，皇帝不亲自前往。

诸如此类祠庙通常都由太祝主持，每年按时供奉祭祀它们。至于其他名山大川和各种鬼神及八神之类，皇帝经过时祭祠，离开了就作罢。郡县远方的神祠，百姓各自供奉祭祀，不在天子设置的祝官掌管之内。祝官中有秘祝，如果遇到灾异，秘祝就祝祷将灾祸转嫁给臣民。

汉朝兴起，高祖微贱之时，曾杀死一条大蛇。有神怪说："蛇，是白帝的儿子，而杀它的是赤帝的儿子。"高祖刚起兵时，在丰县枌榆社祈祷。他占领沛县，称为沛公，就祭祀蚩尤，以牲血涂战旗、战鼓。于是在十月到达灞上，与诸侯平定咸阳，被立为汉王。于是以十月作为岁首，而颜色崇尚赤色。

汉二年，高祖向东攻打项籍收兵入关后，问："过去秦朝时祭祀的上帝是什么

匹，木禺龙栾车一驷，木禺车马一驷，各如其帝色。黄犊羔各四，珪币各有数，皆生瘗埋，无俎豆之具。三年一郊。秦以冬十月为岁首，故常以十月上宿郊见，通权火，拜于咸阳之旁，而衣上白，其用如经祠云。西畤、畦畤，祠如其故，上不亲往。

诸此祠皆太祝常主，以岁时奉祠之。至如他名山川诸鬼及八神之属，上过则祠，去则已。郡县远方神祠者，民各自奉祠，不领于天子之祝官。祝官有秘祝，即有灾祥，辄祝祠移过于下。

汉兴，高祖之微时，尝杀大蛇。有物曰："蛇，白帝子也，而杀者赤帝子。"高祖初起，祷丰枌榆社。徇沛，为沛公，则祠蚩尤，衅鼓旗。遂以十月至灞上，与诸侯平咸阳，立为汉王。因以十月为年首，而色上赤。

二年，东击项籍而还入关，问："故秦时上帝祠何帝也？"

对曰："四帝，有白、青、黄、赤帝之祠。"高祖曰："吾闻天有五帝，而有四，何也？"莫知其说。于是高祖曰："吾知之矣，乃待我而具五也。"乃立黑帝祠，命曰北畤。有司进祠，上不亲往。悉召故秦祝官，复置太祝、太宰，如其故仪礼。因令县为公社。下诏曰："吾甚重祠而敬祭。今上帝之祭及山川诸神当祠者，各以其时礼祠之如故。"

后四岁，天下已定，诏御史令丰谨治枌榆社，常以四时，春以羊彘祠之。令祝官立蚩尤之祠于长安。长安置祠祝官、女巫。其梁巫祠天、地、天社、天水、房中、堂上之属，晋巫祠五帝、东君、云中、司命、巫社、巫祠、族人、先炊之属，秦巫，祠杜主、巫保、族累之属；荆巫，祠堂下、巫先、司命、施糜之属；九天巫祠九天：皆以岁时祠宫中。其河巫祠河于临晋，而南山巫祠南山秦中。秦中者，二世皇帝。各有时月。

其后二岁，或曰周兴而邑

帝？"有大臣回答说："是四位天帝，有白帝、青帝、黄帝、赤帝的祠庙。"高祖说："我听说天有五帝，而只有四帝，怎么回事？"没有人知道怎么解释。于是高祖说："我知道了，是等着我聚齐五帝的祠庙呢。"于是修建黑帝祠，命名为北畤。有相关官员前去祭祀，皇帝不亲身前往。悉数召集原来秦朝的祝官，重新设置太祝、太宰，与秦朝原来的礼仪一样。又令各县设立官社。下诏说："我很重视祠庙，注重祭祀。如今上帝的祭祀及山川诸神中应当祭祀的，各按其时节以礼祭祀，和以前一样。"

四年后，天下已经平定，下诏御史，命令丰县谨慎地修治枌榆社，常按四时祭祀，春天用羊、猪祭祀枌榆社。命令祝官在长安设立蚩尤祠。在长安设置祠官、祝官、女巫。其中梁巫，祭祀天、地、天社、天水、房中、堂上之类的神；晋巫，祭祀五帝、东君、云中、司命、巫社、巫、族人、先炊之类的神；秦巫，祭祀杜主、巫保、族累之类的神；荆巫，祭祀堂下、巫先、司命、施糜之类的神；九天巫，祭祀九天神：每年都按时节在宫中举行祭祀。其中河巫在临晋祭祀河神，而南山巫祭祀南山和秦中。秦中，是指秦二世皇帝。祭祀各有规定的时日。

这以后两年，有人说周朝兴起就建立

了邰邑，设立了后稷的祠庙，至今还享受天下人的祭祀。于是高祖下诏给御史："令各郡、诸侯国、县设立灵星祠，一直按时用牛祭祀。"

汉高祖十年春天，有官员请求下令各县常以春季三月及腊月用羊、猪祭祀社稷，民间按里社各自集资加以祭祀。皇帝下令说："可以。"

这之后十八年，孝文帝即位。即位十三年，下诏说："如今秘祝把灾祸转移到臣民身上，我很不赞同，从今日起废除秘祝。"

起初，在诸侯境内的名山大川，由诸侯的祝官各自供奉祭祀，天子的祝官不去掌管。等到齐、淮南两国被废除，命令太祝一律按时同以前一样以礼制祭祀。

这年，文帝下诏说："我即位至今已十三年，仰赖宗庙的神灵，社稷的福佑，境内安宁，人民没有疾病。其间连年丰收，以我的不德，如何能享受这样的福报呢？这都是上帝和诸神的恩赐啊。听说古时候享受神的恩德一定要报答其功劳，因此要增加诸神的祭祀。主管官员建议增加雍州五時路车各一乘，还有车上的各种用具；西時、畦時各增加木雕车一乘、木偶马四匹，以及车上的各种用具；黄河、湫泉、汉水各加玉石两枚；还有各个祠庙，都增大祭祀场地，珪币、俎豆按等级有所增加。

邰，立后稷之祠，至今血食天下。于是高祖制诏御史："其令郡国县立灵星祠，常以岁时祠以牛。"

高祖十年春，有司请令县常以春三月及时腊祠社稷以羊豕，民里社各自财以祠。制曰："可。"

其后十八年，孝文帝即位。即位十三年，下诏曰："今秘祝移过于下，朕甚不取。自今除之。"

始名山大川在诸侯，诸侯祝各自奉祠，天子官不领。及齐、淮南国废，令太祝尽以岁时致礼如故。

是岁，制曰："朕即位十三年于今，赖宗庙之灵，社稷之福，方内艾安，民人靡疾。间者比年登，朕之不德，何以飨此？皆上帝诸神之赐也。盖闻古者飨其德必报其功，欲有增诸神祠。有司议增雍五時路车各一乘，驾被具；西時畦時禺车各一乘，禺马四匹，驾被具；其河、湫、汉水加玉各二；及诸祠各增广坛场，珪币俎豆以差加之。而祝釐者归福于朕，百姓不与焉。自今祝致敬，毋有所祈。"

鲁人公孙臣上书曰："始秦得水德，今汉受之，推终始传，则汉当土德，土德之应黄龙见。宜改正朔，易服色，色上黄。"是时丞相张苍好律历，以为汉乃水德之始，故河决金隄，其符也。年始冬十月，色外黑内赤，与德相应。如公孙臣言，非也。罢之。后三岁，黄龙见成纪。文帝乃召公孙臣，拜为博士，与诸生草改历服色事。其夏，下诏曰："异物之神见于成纪，无害于民，岁以有年。朕祈郊上帝诸神，礼官议，无讳以劳朕。"有司皆曰："古者天子夏亲郊，祀上帝于郊，故曰郊。"于是夏四月，文帝始郊见雍五畤，祠衣皆上赤。

其明年，赵人新垣平以望气见上，言"长安东北有神气，成五采，若人冠绕焉。或曰东北神明之舍，西方神明之墓也。天瑞下，宜立祠上帝，以合符

而祝福者都把福佑归于我，百姓得不到好处。从今以后祝官向神致礼，不要只为我祈祷。"

鲁人公孙臣上书说："当初秦朝得到水德，如今汉朝继承它，按五德终始来推算，那汉朝应当是土德。土德的符应是黄龙出现。应该更改历法，变易服色，颜色方面崇尚黄色。"这时丞相张苍爱好律历，认为汉朝是水德的开始，所以黄河在金隄决口，这是水德的符应。一年的开始是在冬季十月，颜色崇尚外黑内赤，与水德相应。像公孙臣所说，是不对的，于是没有采纳他的意见。此后三年，黄龙在成纪出现。文帝于是召见公孙臣，任命他为博士，与众儒生起草更改历法、服色的事宜。这年夏天，下诏书说："有异类的神灵出现于成纪，对人民没有伤害，年成得以丰收。我想郊祭上帝和众神，礼官商议一下这件事，不要因为怕劳累我隐瞒什么。"主管官员都说："古时候，天子在夏季亲自郊祭，在郊外祭祀上帝，所以称为郊。"于是夏季四月，文帝开始到雍地五畤举行郊祭典礼，礼服都崇尚红色。

第二年，赵人新垣平以擅长观望云气得以朝见皇上，他说"长安东北方有神灵之气，颜色呈五彩，像人的冠冕一样。有人说东北方是神明的住所，西方是神明的墓冢。天降祥瑞，应该立祠祭祀上帝，以

符合所降祥瑞。"于是在渭阳设立五帝庙，五帝同一庙宇，每帝居一殿，各自对面都有门，每个门的颜色对应各方天帝的颜色。祭祀时用的祭品及礼仪也同祭祀雍地五畤的相同。

夏季四月，文帝亲自在霸水、渭水汇合处朝拜，以郊祭渭阳五帝。五帝庙南临渭水，北面穿过蒲地池水，点燃烽火祭祀，火焰光辉，与天相连。便提拔新垣平为上大夫，赏赐累积有千金。而命博士和众儒生摘录"六经"中的有关内容编撰《王制》，谋划商议巡狩封禅的事宜。

文帝出游到长门，仿佛见到有五个人站在道路北边，于是就在他们所站立的正北方建造五帝坛，用五牢的牲畜祭祀。

第二年，新垣平派人手拿玉杯，在宫门前上书要把它进献给皇帝。新垣平对皇上说："皇宫前有宝玉灵气。"过了一会儿，果然有进献玉杯的人，杯上刻着"人主延寿"。新垣平又说："我占候了一下，太阳会两次运行到天空中间。"过了不久，太阳后退，重新到天空中间。于是把文帝十七年改为元年，允许天下聚饮庆祝。

新垣平说："周朝九鼎失落在泗水中，如今黄河水泛滥通于泗水，我望见东北方汾阴地区有金宝瑞气，我猜测，难道是周朝九鼎要出现了吗？瑞兆出现若不去迎接它是不会来的。"于是皇上派使者在汾阴

应。"于是作渭阳五帝庙，同宇，帝一殿，面各五门，各如其帝色。祠所用及仪亦如雍五畤。

夏四月，文帝亲拜霸渭之会，以郊见渭阳五帝。五帝庙南临渭，北穿蒲池沟水，权火举而祠，若光辉然属天焉。于是贵平上大夫，赐累千金。而使博士诸生刺"六经"中作《王制》，谋议巡狩封禅事。

文帝出长安门，若见五人于道北，遂因其直北立五帝坛，祠以五牢具。

其明年，新垣平使人持玉杯，上书阙下献之。平言上曰："阙下有宝玉气来者。"已视之，果有献玉杯者，刻曰"人主延寿"。平又言："臣候日再中。"居顷之，日却复中。于是始更以十七年为元年，令天下大酺。

平言曰："周鼎亡在泗水中，今河溢通泗，臣望东北汾阴直有金宝气，意周鼎其出乎？兆见不迎则不至。"于是上使使治庙汾阴南，临河，欲

祠出周鼎。

人有上书告新垣平所言气神事皆诈也。下平吏治，诛夷新垣平。自是之后，文帝怠于改正朔、服色、神明之事，而渭阳、长门五帝使祠官领，以时致礼，不往焉。

明年，匈奴数入边，兴兵守御。后岁少不登。

数年而孝景即位。十六年，祠官各以岁时祠如故，无有所兴，至今天子。

今天子初即位，尤敬鬼神之祀。

元年，汉兴已六十余岁矣，天下艾安，搢绅之属皆望天子封禅改正度也，而上乡儒术，招贤良，赵绾、王臧等以文学为公卿，欲议古立明堂城南，以朝诸侯。草巡狩、封禅、改历服色事未就。会窦太后治黄老言，不好儒术，使人微伺得赵绾等奸利事，召案绾、臧，绾、臧自杀，诸所兴为皆废。

后六年，窦太后崩。其明年，征文学之士公孙弘等。

南面修建祠庙，临近黄河，想通过祭祀使周朝九鼎出现。

有人上书告发新垣平所说的望气神灵之事都是骗局。把新垣平交给狱吏处置，杀了新垣平，并夷灭其族。从此以后，文帝对更改历法、服色及祭祀神灵之事不感兴趣了，而渭阳、长门祭祀五帝之事交由祠官管理，按时祭祀，皇帝不亲自前去了。

第二年，匈奴多次入侵边境，朝廷派兵驻守。此后年成有些歉收。

数年后孝景帝即位。在位十六年，祠官各自按时祭祀，和以前一样，没有什么更革，直到当今天子。

当今天子刚即位，尤其重视对鬼神的祭祀。

汉武帝元年，汉朝兴起已经六十多年，天下安宁，士人们都希望天子举行封禅，修改岁正、度数，而皇上心向儒学，招纳贤良，赵绾、王臧等人以文学任为公卿，当时想商议按照古制在城南建立明堂，以朝见诸侯。草制巡狩、封禅、更改历法和服色等事宜还没完成。当时窦太后推崇黄老学说，不喜好儒学，派人私下侦察到赵绾等人为奸取利之事，召来赵绾、王臧审问，赵绾、王臧自杀，他们主持兴办的各项事务全都废止。

六年后，窦太后崩逝。第二年，征召文学之士公孙弘等人。

第二年，当今皇上初次到达雍城，郊祭五畤。以后常常每三年郊祭一次。这时皇上求得神君偶像，供奉在上林苑中的蹏氏观。神君是长陵的一个女子，因难产而死，在她姒娌宛若身上显灵。宛若把她供奉在自己屋里，很多百姓前去祭祀。平原君前往祭祀，他的后世子孙因此尊贵显赫。到当今皇上即位，就以丰厚的祭礼在宫中立祠祭祀。能听到神君说话，却看不到神君的形象。

这时李少君也以祭祀灶神、辟谷、长生不老等方术求见皇上，皇上尊重他。少君原是深泽侯的舍人，主管方术。他隐瞒自己的年龄和身世，常自称七十岁，能驱使鬼物，长生不老。他凭借方术游遍各诸侯国。他无妻无子。人们听说他能驱使鬼物和长生不死，不断馈赠给他财物，他经常有剩余的金钱和衣食。人们都认为他不治产业却很富裕，又不知他是哪里人，越发相信他的能力，争相侍奉他。少君天性喜好方术，善于发表预见性的言论又每每能应验。他曾经跟随武安侯宴饮，席中有位九十多岁的老人，少君就说曾同老人的祖父在某处游玩打猎，老人儿时跟随自己的祖父，记得那个地方，满座的人都很震惊。少君拜见皇帝，皇帝有一件古铜器，问少君。少君说："这件铜器是齐桓公十年在柏寝台上的陈设品。"然后察看上面的铭文，

明年，今上初至雍，郊见五畤。后常三岁一郊。是时上求神君，舍之上林中蹏氏观。神君者，长陵女子，以子死，见神于先后宛若。宛若祠之其室，民多往祠。平原君往祠，其后子孙以尊显。及今上即位，则厚礼置祠之内中。闻其言，不见其人云。

是时李少君亦以祠灶、谷道、却老方见上，上尊之。少君者，故深泽侯舍人，主方。匿其年及其生长，常自谓七十，能使物，却老。其游以方遍诸侯，无妻子。人闻其能使物及不死，更馈遗之，常余金钱衣食。人皆以为不治生业而饶给，又不知其何所人，愈信，争事之。少君资好方，善为巧发奇中。尝从武安侯饮，坐中有九十余老人，少君乃言与其大父游射处，老人为儿时从其大父，识其处，一坐尽惊。少君见上，上有故铜器，问少君。少君曰："此器齐桓公十年陈于柏寝。"已而案其刻，果齐桓公器。一宫尽骇，以为少君神，数百岁

人也。

少君言上曰："祠灶则致物，致物而丹沙可化为黄金，黄金成以为饮食器则益寿，益寿而海中蓬莱仙者乃可见，见之以封禅则不死，黄帝是也。臣尝游海上，见安期生，安期生食巨枣，大如瓜。安期生仙者，通蓬莱中，合则见人，不合则隐。"于是天子始亲祠灶，遣方士入海求蓬莱安期生之属，而事化丹沙诸药齐为黄金矣。

居久之，李少君病死。天子以为化去不死，而使黄锤史宽舒受其方。求蓬莱安期生莫能得，而海上燕齐怪迂之方士多更来言神事矣。

亳人谬忌奏祠太一方，曰："天神贵者太一，太一佐曰五帝。古者天子以春秋祭太一东南郊，用太牢，七日，为坛开八通之鬼道。"于是天子令太祝立其祠长安东南郊，常奉祠如忌方。其后人有上书，言："古者天

果然是齐桓公时的器物。满宫廷的人都很惊骇，认为少君是神，是几百岁的人了。

少君对皇上说："祭祀灶神就能招来鬼物，招来鬼物就可以使丹沙化为黄金，将黄金炼成饮食器皿使用就可使人延年益寿，延年益寿后就可以见到海中蓬莱岛上的仙人，见到仙人后举行封禅大典就可长生不死，黄帝就是这样的。臣曾经漫游于海上，见到安期生，他给我枣吃，枣大得像瓜一样。安期生是仙人，往来于蓬莱仙岛中，与他投机他就出来相见，不投合他就隐去不见。"于是天子开始亲自祭祀灶神，并派方士入海中访求蓬莱岛上像安期生一类的仙人，同时做起用丹沙等各种药剂提炼黄金之事了。

过了很久，李少君病死。天子认为他是化仙而去并没有死，就派黄锤县的佐史宽舒学习他的方术。访求蓬莱仙人安期生没能找到，而沿海一带燕、齐之地的一些怪诞迂腐的方士大多仿效李少君，相继前来谈论神仙之事。

亳县人谬忌上奏祭祀泰一神的方法，说："天神中最尊贵的是泰一，泰一的辅佐者是五帝。古代天子于春秋两季在京城东南郊祭祀泰一神，用牛、羊、猪三牲祭祀七日，所筑祭坛八面都开有通道供鬼神通行。"于是天子令太祝在长安东南郊立泰一神祠，经常按照谬忌的方法供奉祭祀。

之后有人上书，说："古代天子每三年一次用牛、羊、猪三牲祭祀三一之神：天一、地一、泰一。"天子准奏，命太祝在谬忌所奏请建立的泰一神坛上祭祀，按照这个人所上书的方法进行。后来又有人上书，说："古代天子经常在春秋两季举行消灾求福的解祠，用一只枭鸟和一只破镜祭祀黄帝，用羊祭冥羊神，用一匹青色公马祭马行神，用牛祭泰一神、皋山山君和地长神，用干鱼祭武夷山神，用一头牛祭阴阳使者。"天子又命令祠官按照上书这个人的方法，在谬忌所奏请建立的泰一神坛旁边举行祭祀。

此后，天子上林苑中有只白鹿，就把白鹿皮制成货币，为了激发祥瑞兆应，又铸造了银锡合金的白金币。

第二年，天子到雍县举行郊祭，捕获一只独角兽，很像狍子。主管官员说："陛下庄重肃穆地举行郊祭，上帝为了报答对他的供奉，赐下这头独角兽，这大概就是麒麟。"于是把它进献给五畤，每畤加一头牛举行燎祭。赐给诸侯白金，以暗示这种符瑞应合于天地之意。

这时济北王以为天子将举行封禅大典，就上书献出泰山及其周围的封邑。天子接受进献，另用其他县邑补偿了他。常山王有罪，被流放，天子把他的弟弟封在真定，以延续对先王的祭祀，而把常山国改为郡。

子三年壹用太牢祠神三一：天一、地一、太一。"天子许之，令太祝领祠之于忌太一坛上，如其方。后人复有上书，言："古者天子常以春解祠，祠黄帝用一枭破镜，冥羊用羊，祠马行用一青牡马，太一、泽山君、地长用牛，武夷君用干鱼，阴阳使者以一牛。"令祠官领之如其方，而祠于忌太一坛旁。

其后，天子苑有白鹿，以其皮为币，以发瑞应，造白金焉。

其明年，郊雍，获一角兽，若麃然。有司曰："陛下肃祇郊祀，上帝报享，锡一角兽，盖麟云。"于是以荐五畤，畤加一牛以燎。锡诸侯白金，风符应合于天也。

于是济北王以为天子且封禅，乃上书献太山及其旁邑，天子以他县偿之。常山王有罪，迁，天子封其弟于真定，以续先王祀，而以常山为郡，然后五岳皆在天子之邦。

其明年，齐人少翁以鬼神方见上。上有所幸王夫人，夫人卒，少翁以方盖夜致王夫人及灶鬼之貌云，天子自帷中望见焉。于是乃拜少翁为文成将军，赏赐甚多，以客礼礼之。文成言曰："上即欲与神通，宫室被服非象神，神物不至。"乃作画云气车，及各以胜日驾车辟恶鬼。又作甘泉宫，中为台室，画天、地、太一诸鬼神，而置祭具以致天神。居岁余，其方益衰，神不至。乃为帛书以饭牛，详不知，言曰此牛腹中有奇。杀视得书，书言甚怪。天子识其手书，问其人，果是伪书，于是诛文成将军，隐之。

其后则又作柏梁、铜柱、承露仙人掌之属矣。

文成死明年，天子病鼎湖甚，巫医无所不致，不愈。游水发根言上郡有巫，病而鬼神下之。上召置祠之甘泉。及病，使人问神君。神君言曰："天

这以后五岳都在天子直接管辖的郡县之内。

第二年，齐人少翁凭借鬼神方术进见皇上。皇上有个受宠的王夫人，王夫人去世，少翁就用方术在夜里使王夫人及灶神的形貌出现，天子从帐幕中望见了。于是就封少翁为文成将军，赏赐很多，以宾客之礼接待他。文成将军说道："皇上若想与神仙交往，宫室、被服等都不像神仙用的，神仙不会降临。"于是制造了画有云气的车子，按五行相克的原则，在吉日驾驶不同颜色的车子以驱赶恶鬼。又修建甘泉宫，在中央筑起台室，画上天神、地神、泰一等神，并且放置祭具，以此招请天神。过了一年多，他的方术日益衰微，神仙没有到来。于是他在一块帛书上写字让牛吞食入腹，佯装不知此事，说这牛肚子里有些奇怪。把牛杀了一看，得到一块帛书，上面写的话很奇怪，天子怀疑此事。有人认得那帛书的笔迹，让人拿去查问，果然是伪造的帛书。于是杀了文成将军，并把此事隐瞒起来。

此后又修造了柏梁台、铜柱和承露仙人掌之类的事物。

文成将军死后第二年，天子在鼎湖宫病得很重，巫医们用尽所有办法，不见好转。游水县的发根于是说道："上郡有个巫师，他生病时鬼神附在了他身上。"皇上把他召来供奉在甘泉宫。待巫师生病

时，派人去问附在巫师身上的神君。神君说道："天子不必担忧病情。病情稍有好转，可强撑与我在甘泉宫相会。"于是天子病情好转，就驾临甘泉宫，病果然痊愈。大赦天下，把神君安置在寿宫。神仙中最尊贵的是泰一，他的辅佐神是大禁、司命之类的神仙，这些神仙都遵从他。众神是不可见到的，只能听到声音，听起来和人说话的声音一样。神仙时去时来，来时有微风吹动，居住在室内的帷帐中。有时白天说话，不过经常是在夜间。天子举行祓祭，然后进入宫中。一名巫者为寿宫的主人，天子让他关照神君的饮食。神君所要说的话也由巫师下达。又为神君设置了寿宫、北宫，张挂羽旗，设置祭器，用来供奉神君。神君所说的话，皇上派人记录下来，称为"画法"。神君所说的话，都是世俗之人能知晓的，没什么特别的，而天子自己却很欢喜。这些事情都是秘密，世人都不知道。

三年后，主管官员说纪元应该根据上天所赐的祥瑞来命名，不应当用一、二来计数。第一个纪元可称为"建元"，第二个纪元因长星出现可称为"元光"，第三个纪元因郊祀时得到了独角兽，可称为"元狩"。

第二年冬，天子到雍县举行郊祭，计议说："如今上帝由我亲自郊祭，地神后

子无忧病。病少愈，强与我会甘泉。"于是病愈，遂起，幸甘泉，病良已。大赦，置寿宫神君。寿宫神君最贵者太一，其佐曰大禁、司命之属，皆从之。非可得见，闻其言，言与人音等。时去时来，来则风肃然。居室帷中。时昼言，然常以夜。天子祓，然后入。因巫为主人，关饮食。所以言，行下。又置寿宫、北宫，张羽旗，设供具，以礼神君。神君所言，上使人受书其言，命之曰"画法"。其所语，世俗之所知也，无绝殊者，而天子心独喜。其事秘，世莫知也。

其后三年，有司言元宜以天瑞命，不宜以一、二数。一元曰"建"，二元以长星曰"光"，三元以郊得一角兽曰"狩"云。

其明年冬，天子郊雍，议曰："今上帝朕亲郊，而后

土无祀，则礼不答也。"有司与太史公、祠官宽舒议："天地牲角茧栗。今陛下亲祠后土，后土宜于泽中圜丘为五坛，坛一黄犊太牢具，已祠尽瘗，而从祠衣上黄。"于是天子遂东，始立后土祠汾阴脽丘，如宽舒等议。上亲望拜，如上帝礼。礼毕，天子遂至荥阳而还。过雒阳，下诏曰："三代邈绝，远矣难存。其以三十里地封周后为周子南君，以奉其先祀焉。"是岁，天子始巡郡县，侵寻于泰山矣。

其春，乐成侯上书言栾大。栾大，胶东宫人，故尝与文成将军同师，已而为胶东王尚方。而乐成侯姊为康王后，无子。康王死，他姬子立为王。而康后有淫行，与王不相中，相危以法。康后闻文成已死，而欲自媚于上，乃遣栾大因乐成侯求见言方。天子既诛文成，后悔其蚤死，惜其方不尽，及见栾大，大说。大为人长美，言多方略，而敢为大言，处之不

土却没有得到祭祀，这样不合于礼。"相关官员与太史公、祠官宽舒等人商议道："祭祀天地要用角小如蚕茧、板栗的牛。如今陛下亲自祭祀后土，祭祀后土宜在大泽中的圆丘上设五个祭坛，每坛用一头黄牛犊做太牢祭品，祭祀完毕将它们全部埋掉，而陪祭人员身穿黄色衣服。"于是天子就东行，首次在汾阴丘上立起后土祠，按照宽舒等人建议做的那样。皇上亲自望拜地神，与祭祀上帝的礼仪相同。礼毕，天子到荥阳后回都。经过洛阳，下诏说："夏、商、周三代已经很久远了，以致三代先王难以留下多少后代。划分出三十里地赐给周王的后裔，封其为周子南君，以供奉先王的祭祀。"这年，天子开始巡视各郡县，已逐渐接近泰山了。

这年春天，乐成侯上书举荐栾大。栾大，是胶东王的宫人，以前曾与文成将军师从同一人，不久做了胶东王主管配药的尚方令。乐成侯的姐姐是康王的王后，没有儿子。康王死后，其他姬妾所生之子被立为王。而康后有淫乱行为，与新王合不来，彼此利用法律互相陷害对方。康后听说文成将军已死，而想献媚于皇上，就派栾大通过乐成侯求见天子，谈论方术。天子诛杀了文成将军，后来又悔恨他早死，惋惜没有让他把方术全部拿出来，等见到栾大，龙颜大悦。栾大这个人长得高大英俊，言谈

多有方略，而且敢说大话，行事自若。栾大说道："臣曾经往来于海上，见到了安期生、羡门高之类的仙人。他们认为臣地位低贱，不信任臣。他们又认为康王只是个诸侯而已，不值得给予方术。臣屡次向康王进言，康王又不任用臣。臣的老师说：'黄金可以炼成，而黄河决口也可以堵塞，不死之药可以获得，仙人也可以请到。'臣害怕像文成将军一样遭杀身之祸，那方士都要掩口不语了，哪里敢再谈方术呢！"皇上说："文成将军是误食马肝而死。你如果真能研究他的方术，我有什么可吝惜的呢！"栾大说："臣的老师并非有求于人，而是别人有求于他。陛下一定要请到仙人，那就要让仙人的使者尊贵，让他有家眷，以客人之礼对待他，不可瞧不起他，让他佩带各种信印，才可让他传话于仙人。神仙还不一定肯见不肯见。能够做到尊重仙人的使者，之后才能请到神仙。"于是皇上让他先施个小法术验证一下，栾大就施展了斗棋，棋子可以自动在棋盘上互相撞击。

这时皇上正在忧虑黄河决口之事，而黄金也没有炼成，于是封栾大为五利将军。过了一个多月，栾大得到四枚金印，佩带上天士将军、地士将军、大通将军的印信。皇上下诏书给御史："昔日夏禹疏浚九江，开决四渎。近来黄河之水溢出，淹

疑。大言曰："臣常往来海中，见安期、羡门之属。顾以臣为贱，不信臣。又以为康王诸侯耳，不足与方。臣数言康王，康王又不用臣。臣之师曰：'黄金可成，而河决可塞，不死之药可得，仙人可致也。'然臣恐效文成，则方士皆奄口，恶敢言方哉！"上曰："文成食马肝死耳。子诚能修其方，我何爱乎！"大曰："臣师非有求人，人者求之。陛下必欲致之，则贵其使者，令有亲属，以客礼待之，勿卑，使各佩其信印，乃可使通言于神人。神人尚肯邪不邪。致尊其使，然后可致也。"于是上使验小方，斗棋，棋自相触击。

是时上方忧河决，而黄金不就，乃拜大为五利将军。居月余，得四印，佩天士将军、地士将军、大通将军印。制诏御史："昔禹疏九江，决四渎。间者河溢皋陆，堤繇不息。朕

临天下二十有八年，天若遗朕士而大通焉。《乾》称'蜚龙'，'鸿渐于般'，朕意庶几与焉。其以二千户封地士将军大为乐通侯。"赐列侯甲第，僮千人，乘舆斥车马帷幄器物以充其家。又以卫长公主妻之，赍金万斤，更命其邑曰当利公主。天子亲如五利之第。使者存问，供给相属于道。自大主将相以下，皆置酒其家，献遗之。于是天子又刻玉印曰"天道将军"，使使衣羽衣，夜立白茅上，五利将军亦衣羽衣，夜立白茅上受印，以示不臣也。而佩"天道"者，且为天子道天神也。于是五利常夜祠其家，欲以下神。神未至而百鬼集矣，然颇能使之。其后装治行，东入海，求其师云。大见数月，佩六印，贵震天下，而海上燕齐之间，莫不扼腕而自言有禁方，能神仙矣。

其夏六月中，汾阴巫锦为民祠魏脽后土营旁，见地如钩

没陆地。修筑堤防，劳役不息。我治理天下已有二十八年，好像是上天送方士给我而让我上通天意。《乾卦》所称'飞龙在天'，似'鸿鸟靠近磐石'，意思大概与此类似吧。把二千户的地方封给地士将军栾大，让他做乐通侯。"赐给栾大列侯品级的甲等府第和僮仆一千人。皇上把不用的车马和帷帐等器物分给栾大来充实他的新居。又把卫长公主嫁给他，送他黄金万斤，把他的城邑更名为当利公主邑。天子亲临五利将军的府第。派去慰问的使者和所赐物品，在路上连续不断。自皇上的姑姑大长公主到将相以下，都在他家置办酒宴，献送礼物给他。于是天子又刻了有"天道将军"字样的玉印，派使者身穿羽衣，夜里站在白茅草上，五利将军也身穿羽衣，站在白茅上接受玉印，以示受印者并非臣下。而佩带"天道"之印，是要为天子引导天神降临的意思。于是五利将军常常夜间在家中祭祀，想求神仙降临。神仙没有来却把百鬼召集来了，但栾大颇能驱使百鬼。之后他就整理行装出发，向东入海，去寻求他的老师。栾大被引见数月，就佩带六印，身份尊贵震动天下，而沿海一带燕、齐之地的方士们无不扼腕激奋，都说自己有秘方，能通神仙。

这年夏天六月，汾阴的巫师锦在魏脽的后土祠旁为民祭祀，看见地面呈弯钩

状，扒开土一看得到一只鼎。此鼎与其他鼎大不相同，上面只有花纹，没有铸刻的文字，巫师对此觉得奇怪，就告诉了官吏。县吏又报告了河东太守胜，胜把此事上报了朝廷。天子派使者查验询问，巫师锦的得鼎过程并无伪诈之举，就按礼仪举行祭祀，把鼎迎到甘泉宫，与天子随行，皇上把鼎祭献给上天。到中山时，天气晴暖，有片黄色云气遮蔽在上空。有只狍子跑过，皇上亲自射杀了它，就用它来祭祀黄云。到了长安，公卿大夫都建议请求尊奉宝鼎。天子说："近来黄河泛滥，连年庄稼歉收，所以才巡狩祭祀后土，为百姓祈求滋育庄稼。今年五谷丰茂，尚未酬谢祭祀后土，这鼎为什么会出现呢？"相关官员都说："听说昔日太昊伏羲氏造了一只神鼎，表示一统，即天地万物归统于神鼎，黄帝造了三只宝鼎，象征天、地、人。夏禹收集九州之金，铸有九鼎，都曾用来烹煮牺牲以祭祀上帝和鬼神。遇到圣主鼎就会出现，就这样传到夏朝、商朝。周朝政德衰败，宋国的社坛被毁灭，鼎就沦没隐伏不见了。《诗经·周颂》说'从堂内到庭阶，祭牲从羊到牛，从大鼎到小鼎，不喧哗也不傲慢，保佑长寿多吉祥'。如今宝鼎到甘泉宫，光华润泽如龙般神奇变化，承受无边的福禄。这正好与行至中山时，上空有黄色云气遮蔽、云形如同瑞兽的征兆相

状，掊视得鼎。鼎大异于众鼎，文镂无款识，怪之，言吏。吏告河东太守胜，胜以闻。天子使使验问巫得鼎无奸诈，乃以礼祠，迎鼎至甘泉，从行，上荐之。至中山，曣温，有黄云盖焉。有麃过，上自射之，因以祭云。至长安，公卿大夫皆议请尊宝鼎。天子曰："间者河溢，岁数不登，故巡祭后土，祈为百姓育谷。今岁丰庑未报，鼎曷为出哉？"有司皆曰："闻昔泰帝兴神鼎一，一者壹统，天地万物所系终也。黄帝作宝鼎三，象天地人。禹收九牧之金，铸九鼎。皆尝亨鬺上帝鬼神。遭圣则兴，鼎迁于夏商。周德衰，宋之社亡，鼎乃沦没，伏而不见。《颂》云：'自堂徂基，自羊徂牛；鼐鼎及鼒，不吴不骜，胡考之休。'今鼎至甘泉，光润龙变，承休无疆。合兹中山，有黄白云降盖，若兽为符，路弓乘矢，集获坛下，报祠大享。唯受命而帝者心知其意而合德焉。鼎宜见于祖祢，藏于帝廷，以合明应。"制曰："可。"

合，皇上在路上用大弓和箭射得狍子，将所获之物集合于祭坛之下，举行报答遍祭天地鬼神的大典。只有承受天命做皇帝的人才能知道天意而与天德相合。此宝鼎应该祭献给祖先，珍藏在天帝宫廷，以迎合这些显著的征兆。"皇上下诏说："可以。"

入海访求蓬莱仙人的人，说蓬莱并不远，但不能到达，大概是因为看不到仙山的云气。皇上于是派望气官员辅佐他观测云气。

这年秋季，皇上驾临雍县，将要举行郊祭。有人说"五帝是泰一神的辅佐，应当立泰一神坛，由皇上亲自郊祭"。皇上犹豫未定。齐人公孙卿说："今年得到宝鼎，今冬辛巳日正是朔日，又交冬至，与黄帝得宝鼎的时间相同。"公孙卿有部札书说："黄帝在宛朐得到宝鼎后，向鬼臾区询问此事。鬼臾区回答说：'黄帝得到宝鼎和神策，那年己酉朔日交冬至，合乎天道历数，终而复始。'于是黄帝按照日月运行的规律推算历法，以后每隔二十年就遇到朔日交冬至，共推算二十次，三百八十年，黄帝成仙，升天而去。"公孙卿想通过所忠把此事上奏给皇上。所忠看他的书不正经，怀疑那是荒诞的伪书，推辞说："宝鼎之事已经决定了，还上奏干什么！"公孙卿又通过皇上身边的宠臣上奏了此事。皇上大悦，召来公孙卿询问。公孙卿回答说：

入海求蓬莱者，言蓬莱不远，而不能至者，殆不见其气。上乃遣望气佐候其气云。

其秋，上幸雍，且郊。或曰"五帝，太一之佐也。宜立太一而上亲郊之"。上疑未定。齐人公孙卿曰："今年得宝鼎，其冬辛巳朔旦冬至，与黄帝时等。"卿有札书曰："黄帝得宝鼎宛朐，问于鬼臾区。鬼臾区对曰：'黄帝得宝鼎神策，是岁己酉朔旦冬至，得天之纪，终而复始。'于是黄帝迎日推策，后率二十岁复朔旦冬至，凡二十推，三百八十年，黄帝仙登于天。"卿因所忠欲奏之。所忠视其书不经，疑其妄书，谢曰："宝鼎事已决矣，尚何以为！"卿因嬖人奏之。上大说，乃召问卿。对曰："受此书申公，申公已死。"上曰：

"传此书的人是申公，申公已经死了。"皇上说："申公是什么人？"公孙卿说："申公是齐地人，与安期生有来往，接受过黄帝的教诲，没留下书，只有这部鼎书。书上说：'汉朝兴盛又当重现黄帝得鼎之时。汉朝的圣君应在高祖的孙子或者曾孙之中。宝鼎出现就能与神仙相通，应举行封禅。自古举行过封禅的有七十二位帝王，唯独黄帝能得以登上泰山封禅。'申公说：'汉朝的皇帝应当也登上泰山封禅，登上泰山封禅就能成仙升天了。黄帝时有上万个诸侯国，而为祭祀神灵建立的封国就占了七千个。天下名山有八座，而有三座在蛮夷地带，五座在中原地区。中原地区有华山、首山、太室山、泰山、东莱山，这五座山是黄帝经常去游览，与神仙相会的地方。黄帝一边作战一边学仙道。他担忧百姓反对他所学的仙道，就断然斩杀了诋毁鬼神的人。一百多年后才得以与神仙相通。黄帝在雍县郊祭上帝，住了三个月。鬼臾区别号大鸿，死后葬在雍县，所以就有了如今的鸿冢。此后黄帝在明廷接见了上万的神灵。明廷就是甘泉宫。所谓寒门，就是谷口。黄帝开采首山之铜，在荆山下铸鼎。鼎铸成之后，有一条脖颈垂肉、两腮长着胡须的龙从天上下来迎接黄帝。黄帝骑上龙背，群臣和后宫嫔妃跟着骑上龙背的有七十多人，之后龙才飞升

"申公何人也？"卿曰："申公，齐人。与安期生通，受黄帝言，无书，独有此鼎书。曰：'汉兴复当黄帝之时。'曰：'汉之圣者在高祖之孙且曾孙也。宝鼎出而与神通，封禅。封禅七十二王，唯黄帝得上泰山封。'申公曰：'汉主亦当上封，上封则能仙登天矣。黄帝时万诸侯，而神灵之封居七千。天下名山八，而三在蛮夷，五在中国。中国华山、首山、太室、泰山、东莱，此五山黄帝之所常游，与神会。黄帝且战且学仙。患百姓非其道者，乃断斩非鬼神者。百余岁然后得与神通。黄帝郊雍上帝，宿三月。鬼臾区号大鸿，死葬雍，故鸿冢是也。其后黄帝接万灵明廷。明廷者，甘泉也。所谓寒门者，谷口也。黄帝采首山铜，铸鼎于荆山下。鼎既成，有龙垂胡髯下迎黄帝。黄帝上骑，群臣后宫从上者七十余人，龙乃上去。余小臣不得上，乃悉持龙髯，龙髯拔，堕，堕黄帝之弓。百姓仰望黄帝既上天，乃抱其弓与胡髯号，故后世因名其处

日鼎湖，其弓曰乌号。'"于是天子曰："嗟乎！吾诚得如黄帝，吾视去妻子如脱躧耳。"乃拜卿为郎，东使候神于太室。

上遂郊雍，至陇西，西登崆峒，幸甘泉。令祠官宽舒等具太一祠坛，祠坛放薄忌太一坛，坛三垓。五帝坛环居其下，各如其方，黄帝西南，除八通鬼道。太一，其所用如雍一畤物，而加醴枣脯之属，杀一狸牛以为俎豆牢具。而五帝独有俎豆醴进。其下四方地，为䬴食群神从者及北斗云。已祠，胙余皆燎之。其牛色白，鹿居其中，豕在鹿中，水而洎之。祭日以牛，祭月以羊彘特。太一祝宰则衣紫及绣。五帝各如其色，日赤，月白。

十一月辛巳朔旦冬至，昧爽，天子始郊拜太一。朝朝日，

离去。其余的小臣没能上去，就全都抓住龙须，龙须被拉断，黄帝的弓也掉了下去。百姓仰望着黄帝上天，就抱着那弓和龙须号哭，所以后世把那个地方称作鼎湖，那张弓称作乌号。'"于是天子说："啊呀！我如果能像黄帝那样，那我离开妻子儿女就像脱掉鞋子罢了。"于是封公孙卿为郎官，派他去东方太室山迎候神灵。

皇上就去雍县举行郊祭，到了陇西，向西登上崆峒山，驾临甘泉宫。命祠官宽舒等人设置泰一神的祭坛，祭坛仿照薄忌所说的泰一坛建造，坛分三层。五帝的祭坛环绕在泰一坛下，各依照它们所属的方位。黄帝坛在西南方，修出八条供鬼神通行的通道。泰一坛所用祭品与雍县一畤相同，另加甜酒、枣果和干肉之类，还宰杀一头牦牛作为祭器的牺牲。而五帝坛只有牺牲和甜酒进献。祭坛下四周的位置，作为连续祭祀随从的众神和北斗星的地方。祭祀完毕，将剩余的祭品全部烧掉。祭牲所用的牛是白色的，把鹿放在牛的腹中，把猪放在鹿的腹中，然后放在水中浸泡。祭日神用牛，祭月神用羊或猪一头。祭泰一神的祝官穿紫色绣衣，祭祀五帝各按五帝所属颜色，祭日神时穿红衣，祭月神时穿白衣。

十一月辛巳初一早晨交冬至，黎明时，天子就开始在郊外祭拜泰一神。早晨朝拜

日神，傍晚祭祀月神，行作揖礼；而祭拜泰一神的礼仪与在雍县的郊祭相同。劝神进食的祝辞说："上天当初把宝鼎和神策授予皇帝，并让他一天又一天享有天下，终而复始，皇帝在此恭敬地拜见。"祭服为黄色。祭坛上布满火炬，祭坛旁摆着烹煮器具。主管官员说："祠坛上方出现了光彩。"公卿大臣说："皇帝当初在云阳宫郊祭并拜见泰一神，主管官员手捧大玉璧和养足五年达三千斤的牛祭献给众神。当夜有美丽的光彩出现，等到白天，有黄色云气上升到与天相连。"太史公、祠官宽舒等人说："神灵显示美好景象，是保佑福禄的吉祥征兆，应在此地光彩照耀的地域建立泰時坛以回应神明的显灵。下令让太祝主管，在秋天与腊月之间举行祭祀。每三年天子郊祭一次。"

这年秋季，为讨伐南越，告祷泰一神，用牡荆做幡旗杆，旗上画有日月、北斗、飞龙，用来象征天一三星，将其作为泰一神的先锋旗，名叫"灵旗"。为兵事祈祷时，则由太史手奉灵旗，将其指向所要讨伐的国家。而五利将军作为使者不敢进入海域，只去泰山祭祀。皇上派人暗中跟随查验，实际上他没见到神仙。五利将军妄言见到了他的老师，而且他的方术已用尽，大多不能应验。皇上于是杀了五利将军。

这年冬季，公孙卿在河南等候神仙，

夕夕月，则揖；而见太一如雍郊礼。其赞飨曰："天始以宝鼎神策授皇帝，朔而又朔，终而复始，皇帝敬拜见焉。"而衣上黄。其祠列火满坛，坛旁亨炊具。有司云："祠上有光焉。"公卿言："皇帝始郊见太一云阳，有司奉瑄玉嘉牲荐飨。是夜有美光，及昼，黄气上属天。"太史公、祠官宽舒等曰："神灵之休，祐福兆祥，宜因此地光域立太時坛以明应。令太祝领，秋及腊间祠。三岁天子一郊见。"

其秋，为伐南越，告祷太一。以牡荆画幡日月北斗登龙，以象太一三星，为太一锋，命曰"灵旗"。为兵祷，则太史奉以指所伐国。而五利将军使不敢入海，之泰山祠。上使人随验，实毋所见。五利妄言见其师，其方尽，多不雠。上乃诛五利。

其冬，公孙卿候神河南，

言见仙人迹缑氏城上，有物如
雉，往来城上。天子亲幸缑氏
城视迹。问卿："得毋效文成、
五利乎？"卿曰："仙者非有
求人主，人主者求之。其道非
少宽假，神不来。言神事，事
如迂诞，积以岁乃可致也。"
于是郡国各除道，缮治宫观名
山神祠所，以望幸矣。

其春，既灭南越，上有嬖
臣李延年以好音见。上善之，
下公卿议，曰："民间祠尚有
鼓舞乐，今郊祀而无乐，岂称
乎？"公卿曰："古者祠天地
皆有乐，而神祇可得而礼。"
或曰："太帝使素女鼓五十弦
瑟，悲，帝禁不止，故破其
瑟为二十五弦。"于是塞南
越，祷祠太一、后土，始用乐舞，
益召歌儿，作二十五弦及空侯
琴瑟自此起。

其来年冬，上议曰："古
者先振兵泽旅，然后封禅。"
乃遂北巡朔方，勒兵十余万，
还祭黄帝冢桥山，释兵须如。
上曰："吾闻黄帝不死，今有冢，
何也？"或对曰："黄帝已仙

在缑氏城上见到仙人的踪迹，有个像雉鸡
一样的神物，往来于城上。天子亲自驾临
缑氏城察看踪迹，问公孙卿："你该不是
在效法文成和五利吧？"公孙卿说："仙
人并非有求于人主，而是人主有求于仙人。
求仙之道若不稍微放宽一点，神仙是不会
来的。谈到神仙之事，此事像是迂腐荒诞，
要经年累月才可以请到神仙。"于是各郡
国都修治道路，修缮宫殿楼台和名山上的
神庙这些地方，以期望天子能驾临。

这年春天，灭了南越以后，皇上有个
宠臣李延年借优美的音乐进见皇上。皇上
很喜欢，就让公卿讨论，问公卿："民间
祭祀尚且有鼓舞音乐，如今举行郊祭却
没有音乐，这合适吗？"公卿都说："古
代祭祀天地都有音乐，这样天地神灵才会
歆享祭祀。"有人说："太帝让素女弹奏
五十弦的瑟，声音悲切，太帝禁止她弹奏，
但她不能自止，所以把她的瑟改为二十五
弦。"当时在平定南越，祷祝祭祀泰一神、
后土神时，开始采用乐舞，广召歌童，从
此开始制作二十五弦的瑟及箜篌瑟。

第二年冬天，皇上提议说："古代要
先整顿军队，再解散军队，然后进行封
禅。"于是北上巡视朔方郡，带着十余万
人的军队，回来时在桥山祭祀黄帝陵，在
须如解散军队。皇上说："我听说黄帝没
有死，如今却有陵墓，这是为什么？"有

人回答说："黄帝成仙升天之后，群臣就将他的衣帽葬在了这里。"到甘泉宫后，因为将要上泰山举行封禅，所以就先祭祀了泰一神。

自从得到宝鼎，皇上与公卿大臣及众儒生就开始商议起封禅之事。封禅大典举行得非常少，久已失传，没有人知道它的礼仪，而众儒生主张采用《尚书》《周官》《王制》中所载的望祀射牛的礼仪来进行。齐地人丁公九十多岁了，说："封禅，合乎长生不死之名。秦始皇未能登上泰山封禅。陛下一定想登上泰山，稍微上去一点，如果没有风雨，就可上山封禅了。"皇上于是就命令众儒生练习射牛，草拟封禅礼仪。数年后，到了将要实行的时候。天子听说了公孙卿及方士之言，黄帝举行封禅，能招来怪物以感应神仙，便想效仿黄帝，用曾迎接过神仙之人和蓬莱方士以示超脱世俗，德行可与九皇比配，而且广泛采用儒术来对其加以修饰。众儒生既不能辨明封禅事宜，又拘泥于《诗经》《尚书》等古文而不敢自行决定。皇上把封禅用的祭器拿给众儒生看，儒生们有的说"与古代的不同"，徐偃又说"太常的祠官们安排礼仪不如鲁地儒生好"，周霸等人又策划封禅事宜，于是皇上贬退了徐偃、周霸，把儒生们全部罢黜不予任用。

三月，皇上东行驾临缑氏县，登上中

上天，群臣葬其衣冠。"既至甘泉，为且用事泰山，先类祠太一。

自得宝鼎，上与公卿诸生议封禅。封禅用希旷绝，莫知其仪礼，而群儒采封禅《尚书》《周官》《王制》之望祀射牛事。齐人丁公年九十余，曰："封禅者，合不死之名也。秦皇帝不得上封。陛下必欲上，稍上即无风雨，遂上封矣。"上于是乃令诸儒习射牛，草封禅仪。数年，至且行。天子既闻公孙卿及方士之言，黄帝以上封禅，皆致怪物与神通，欲放黄帝以上接神仙人蓬莱士，高世比德于九皇，而颇采儒术以文之。群儒既已不能辨明封禅事，又牵拘于《诗》《书》古文而不能骋。上为封禅祠器示群儒，群儒或曰"不与古同"，徐偃又曰"太常诸生行礼不如鲁善"，周霸属图封禅事，于是上绌偃、霸，而尽罢诸儒不用。

三月，遂东幸缑氏，礼登

中岳太室。从官在山下闻若有言"万岁"云。问上,上不言;问下,下不言。于是以三百户封太室奉祠,命曰崇高邑。东上泰山,泰山之草木叶未生,乃令人上石立之泰山巅。

上遂东巡海上,行礼祠八神。齐人之上疏言神怪奇方者以万数,然无验者。乃益发船,令言海中神山者数千人求蓬莱神人。公孙卿持节常先行候名山,至东莱,言夜见大人,长数丈,就之则不见,见其迹甚大,类禽兽云。群臣有言见一老父牵狗,言"吾欲见巨公",已忽不见。上即见大迹,未信,及群臣有言老父,则大以为仙人也。宿留海上,予方士传车及间使求仙人以千数。

四月,还至奉高。上念诸儒及方士言封禅人人殊,不经,难施行。天子至梁父,礼祠地主。乙卯,令侍中儒者皮弁荐绅,射牛行事。封泰山下东方,如郊祠太一之礼。封广丈二尺,

岳太室山举行祭祀。随从官员在山下听到好像有人喊"万岁"。问山上的人,山上的人说没喊;问山下的人,山下的人说没喊。于是皇上封给太室山三百户以供祭祀,命名为崇高邑。向东登上泰山,山上的草木还没有长出新叶,于是命人把石碑运上山,立在泰山之巅。

皇上继续东巡海上,举行仪式祭祀天、地、阴、阳、日、月、星辰主、四时主八神。齐地人之中上书谈论神仙鬼怪奇异方术的以万计,但没有应验的。于是增派船只,命令说海中有神山的数千人去访求蓬莱仙人。公孙卿经常手持符节,先行到各大名山去等候神仙,说到东莱时,夜间见到一巨人,身长数丈,一靠近那人就会不见,看见他的脚印很大,类似禽兽的脚印。群臣中有人说见到一位老人牵着狗,说"我想见天子",过会儿忽然就不见了。皇上见到大脚印之后不相信,等到群臣中有人说到老人之事,才深信那老人就是仙人。皇上留宿海上,给方士驿车乘坐,并且陆续派出数以千计的人去寻找仙人。

四月,回到奉高县。皇上想到众儒生及方士所说的封禅礼仪各不相同,不合常情,难以施行。天子到了梁父山,遵照礼仪祭祀地神。乙卯日,下令让侍中里的儒生头戴白鹿皮帽,身穿插笏于绅带的官服,射牛举行祭礼。在泰山下的东方筑坛祭天,

与郊祀泰一神的礼仪相同。祭坛宽一丈二尺，高九尺，祭坛下有玉牒书，文书内容是保密的。祭礼完毕，天子单独与侍中奉车都尉霍子侯登上泰山，也设坛祭天。这些事都是保密的。第二天，从山北道路下去。丙辰日，在泰山脚下东北方的肃然山举行祭地礼，与祭祀后土的礼仪相同。天子都亲自拜见，身着黄色祭服并全部用了音乐。采用江淮一带出产的三棱灵茅作为祭神的垫物。用五色土混杂填满祭坛。放走远方的奇珍异兽及白毛野鸡等动物，很是增加了祭祀的气氛。但兕牛、旄牛、犀牛、大象之类的动物没有使用。它们都是到达泰山之后被放走离去的。举行封禅大典，这晚天空仿佛有光，白天有白云从祭坛中升起。

天子从封禅场所归来，坐在明堂中，群臣相继上前庆贺。于是下诏给御史："我以微小的一己之躯继承至尊之位，一直谨小慎微唯恐不能胜任。德行浅薄，对礼乐并不明了。祭泰一神时，好像有祥瑞之光，倏忽间像是望见了什么，我被奇异景象所深深震惊，想要停下来却又不敢，于是登上泰山祭天，到了梁父山，然后在肃然山举行祭地礼。我将修身自新，希望与士大夫一起重新开始，赐给百姓每百户一头牛、十石酒，年过八十的老人和孤儿寡妇另加二匹布帛。免除博县、奉高、蛇丘、历城

高九尺，其下则有玉牒书，书秘。礼毕，天子独与侍中奉车子侯上泰山，亦有封。其事皆禁。明日，下阴道。丙辰，禅泰山下趾东北肃然山，如祭后土礼。天子皆亲拜见，衣上黄而尽用乐焉。江淮间一茅三脊为神藉。五色土益杂封。纵远方奇兽蜚禽及白雉诸物，颇以加礼。兕牛犀象之属不用。皆至泰山祭后土。封禅祠；其夜若有光，昼有白云起封中。

天子从禅还，坐明堂，群臣更上寿。于是制诏御史："朕以眇眇之身承至尊，兢兢焉惧不任。维德菲薄，不明于礼乐。修祠太一，若有象景光，屑如有望，震于怪物，欲止不敢，遂登封太山，至于梁父，而后禅肃然。自新，嘉与士大夫更始。赐民百户牛一、酒十石，加年八十孤寡布帛二匹。复博、奉高、蛇丘、历城，无出今年租税。其大赦天下，如乙卯赦令。

行所过毋有复作。事在二年前，皆勿听治。"又下诏曰："古者天子五载一巡狩，用事泰山，诸侯有朝宿地。其令诸侯各治邸泰山下。"

天子既已封泰山，无风雨灾，而方士更言蓬莱诸神若将可得，于是上欣然庶几遇之，乃复东至海上望，冀遇蓬莱焉。奉车子侯暴病，一日死。上乃遂去，并海上，北至碣石，巡自辽西，历北边至九原。五月，反至甘泉。有司言宝鼎出为元鼎，以今年为元封元年。

其秋，有星茀于东井。后十余日，有星茀于三能。望气王朔言："候独见填星出如瓜，食顷复入焉。"有司皆曰："陛下建汉家封禅，天其报德星云。"

其来年冬，郊雍五帝。还，拜祝祠太一。赞飨曰："德星昭衍，厥维休祥。寿星仍出，渊耀光明。信星昭见，皇帝敬拜太祝之享。"

的赋役，不用交纳今年的租税。大赦天下，与乙卯年的赦令一样。巡行所过之处的苦役犯人一律赦免。凡是两年前犯下罪的，一律不再追究。"又下诏说："古代天子每五年一巡狩，在泰山举行祭祀，诸侯前来朝拜应有住所。命令诸侯各自在泰山脚下修建府邸。"

天子在泰山封禅完，其间没有遇到风雨灾害，方士们便又说蓬莱诸神仙好像将能找到，于是皇上高兴地希望可以遇到神山，就又向东到海上眺望，希冀遇到蓬莱仙人。奉车都尉霍子侯暴病，一天就死了。皇上于是就离去，沿海而上，向北到达碣石山，自辽西开始巡行，经过北方边境到达九原郡。五月，返回甘泉宫。有大臣说宝鼎出现的年号应为元鼎，今年封禅就应该以今年为元封元年。

这年秋天，有彗星在东井天区光芒四射。十几天后，又有彗星在三能天区光芒四射。望气之人王朔说："我观测到土星出现时形如葫芦，一会儿又隐没了。"相关官员说道："陛下创建了汉家封禅的礼制，上天这是以德星的出现来报答陛下。"

来年冬天，天子至雍县郊祭五帝，回来后，以拜祝的礼仪祭了泰一神。祝辞说："德星光芒普照，象征吉祥美好。寿星相继出现，深远地闪耀光明。信星昭然显见，皇帝敬拜诸神享用祭品。"

这年春天，公孙卿说在东莱山遇见了仙人，好像听仙人说了"见天子"。天子于是驾临缑氏城，封公孙卿为中大夫。随即到东莱，在那里留宿数日，结果什么也没看见，只见到了巨人的脚印。又派数以千计的方士去访求神仙鬼怪并采集灵芝仙药。这年大旱。天子这时没有出巡的名义，就到万里沙去祈雨，路过泰山时举行了祭天仪式。返回到瓠子口，亲临堵塞黄河决口的地方，留宿两天，沉下白马祭祀河神而去。派两位将军率士卒堵塞黄河决口，将黄河改为两条河道入海，恢复了夏禹治水时的原貌。

这时已经灭了两越，越人勇之便说："越人有信鬼的习俗，而他们祭祀时都能见到鬼，好几次都有效果。昔日东瓯王敬鬼，寿命达一百六十岁。后世怠慢鬼神，所以衰败下来。"于是命越地巫师建立越祠，安置祭台，不设祭坛，也祭祀天神上帝与百鬼，而且用鸡占卜。皇上相信这些，就开始使用越祠和鸡卜了。

公孙卿说："仙人可以见到，而皇上前往求见时经常太仓促，所以不能见到。如今陛下可以修建一座观台，比照缑氏城那样，摆上干肉和枣果，神人应当可以被请到。况且仙人喜欢住在楼阁上。"于是皇上命令在长安修建蜚廉观和桂观，在甘泉修建益延寿观，派公孙卿持节摆好祭品，

其春，公孙卿言见神人东莱山，若云"欲见天子"。天子于是幸缑氏城，拜卿为中大夫。遂至东莱，宿留之数日，无所见，见大人迹云。复遣方士求神怪采芝药以千数。是岁旱。于是天子既出无名，乃祷万里沙，过祠泰山。还至瓠子，自临塞决河，留二日，沈祠而去。使二卿将卒塞决河，徙二渠，复禹之故迹焉。

是时既灭两越，越人勇之乃言"越人俗鬼，而其祠皆见鬼，数有效。昔东瓯王敬鬼，寿百六十岁。后世怠慢，故衰秏"。乃令越巫立越祝祠，安台无坛，亦祠天神上帝百鬼，而以鸡卜。上信之，越祠鸡卜始用。

公孙卿曰："仙人可见，而上往常遽，以故不见。今陛下可为观，如缑城，置脯枣，神人宜可致也。且仙人好楼居。"于是上令长安则作蜚廉、桂观，甘泉则作益延寿观，使卿持节设具而候神人。乃作通

天台，置祠具其下，将招来仙神人之属。于是甘泉更置前殿，始广诸宫室。夏，有芝生殿房内中。天子为塞河，兴通天台，若见有光云，乃下诏："甘泉房中生芝九茎，赦天下，毋有复作。"

其明年，伐朝鲜。夏，旱。公孙卿曰："黄帝时封则天旱，干封三年。"上乃下诏曰："天旱，意干封乎？其令天下尊祠灵星焉。"

其明年，上郊雍，通回中道，巡之。春，至鸣泽，从西河归。

其明年冬，上巡南郡，至江陵而东。登礼灊之天柱山，号曰南岳。浮江，自寻阳出枞阳，过彭蠡，礼其名山川。北至琅邪，并海上。四月中，至奉高修封焉。

初，天子封泰山，泰山东北址古时有明堂处，处险不敞。上欲治明堂奉高旁，未晓其制度。济南人公玉带上黄帝时明堂图。明堂图中有一殿，四面无壁，以茅盖，通水，圜宫垣为复道，上有楼，从西南入，

等候仙人。又修建了通天台，在台下摆设供品，希望请到那些神仙。于是在甘泉宫设置前殿，开始广建宫室。夏天，有灵芝草生长在殿房中。天子堵塞黄河决口，又兴建通天台，当时好像有神光出现，就下诏说："甘泉宫的殿房中生长出九茎灵芝草，大赦天下，赦免苦役犯人。"

第二年，讨伐朝鲜。夏天，发生旱情。公孙卿说："黄帝时举行完封礼就会天旱，为了使封土干燥要连旱三年。"皇上于是下诏说："天旱是为了使封土干燥吗？这是让天下百姓尊祭灵星啊。"

第二年，皇上到雍县举行郊祭，沿刚修通的回中道一路巡行。春天，到达鸣泽，从西河郡返回。

第二年冬，皇上巡行南郡，到江陵而东行。登上潜县的天柱山举行祭祀，称天柱山为南岳。乘船顺江而下，自寻阳县出发到达枞阳县，经过彭蠡湖，祭祀那里的名山大川。北行到达琅邪郡，再沿海而上。四月中，到奉高县举行封禅。

起初，天子封禅于泰山，泰山脚下的东北方古时建有明堂，那里地势险要而且不敞亮。皇上想在奉高旁边修建明堂，但不知晓建制尺度。济南人公玉带献上黄帝时的明堂图。明堂图中有一座宫殿，四面没有墙壁，茅草铺盖顶部，周围通有水道，环绕宫墙修有复道，其上有楼，从西南方

可以进入殿堂，命名为昆仑道，天子从此道进入，去拜祭上帝。于是皇上命令在奉高县的汶上修建明堂，按公王带所献的明堂图修建。等到五年后在此举行封禅，就在明堂上座祭祀泰一和五帝，把高皇帝的灵位设在对面。在下房祭祀后土，用二十太牢做祭牲。天子从昆仑道进入殿堂，开始祭拜明堂，与郊祭时的礼仪一样。祭礼完毕，在堂下焚烧祭品。而皇上又登上泰山，在山顶举行秘密祭祀。而在泰山下祭祀五帝，各按其所属方位，黄帝与赤帝合并一处，由相关官员陪祭。在泰山上举火，山下也全都举火相应。

这以后两年，十一月甲子朔日交冬至，推算历法者以此为起点。天子亲自到泰山，于十一月甲子朔日交冬至这天在明堂祭祀上帝，没有举行封禅。祝辞说："上天授给皇帝泰元神策，周而复始。皇帝敬拜泰一神。"天子东至海上，考察入海去访求仙人的方士，没有应验的，但仍增派人员，希望可以遇到仙人。

十一月乙酉日，柏梁台发生火灾。十二月甲午朔日，皇上亲临高里山举行祭礼，祭祀后土。驾临渤海，就举行望祭来祭祀蓬莱中的仙人，希望能到达仙人的异域。

皇上返回，因为柏梁台遭受火灾，所以在甘泉宫临朝受理各郡国的计簿。公孙

命曰昆仑，天子从之入，以拜祠上帝焉。于是上令奉高作明堂汶上，如带图。及五年修封，则祠太一、五帝于明堂上坐，令高皇帝祠坐对之。祠后土于下房，以二十太牢。天子从昆仑道入，始拜明堂如郊礼。礼毕，燎堂下。而上又上泰山，自有秘祠其巅。而泰山下祠五帝，各如其方，黄帝并赤帝，而有司侍祠焉。山上举火，下悉应之。

其后二岁，十一月甲子朔旦冬至，推历者以本统。天子亲至泰山，以十一月甲子朔旦冬至日祠上帝明堂，毋修封禅。其赞飨曰："天增授皇帝太元神策，周而复始。皇帝敬拜太一。"东至海上，考入海及方士求神者，莫验，然益遣，冀遇之。

十一月乙酉，柏梁灾。十二月甲午朔，上亲禅高里，祠后土。临勃海，将以望祀蓬莱之属，冀至殊廷焉。

上还，以柏梁灾故，朝受计甘泉。公孙卿曰："黄帝就

青灵台，十二日烧，黄帝乃治明廷。明廷，甘泉也。"方士多言古帝王有都甘泉者。其后天子又朝诸侯甘泉，甘泉作诸侯邸。勇之乃曰："越俗有火灾，复起屋必以大，用胜服之。"于是作建章宫，度为千门万户。前殿度高未央。其东则凤阙，高二十余丈。其西则唐中，数十里虎圈。其北治大池，渐台高二十余丈，命曰太液池，中有蓬莱、方丈、瀛洲、壶梁，象海中神山龟鱼之属。其南有玉堂、璧门、大鸟之属。乃立神明台、井幹楼，度五十丈，辇道相属焉。

夏，汉改历，以正月为岁首，而色上黄，官名更印章以五字，为太初元年。是岁，西伐大宛。蝗大起。丁夫人、雒阳虞初等以方祠诅匈奴、大宛焉。

其明年，有司上言雍五畤无牢熟具，芬芳不备。乃令祠官进畤犊牢具，色食所胜，而以木禺马代驹焉。独五月尝驹，行亲郊用驹。及诸名山川用驹者，悉以木禺马代。行过，乃用驹。他礼如故。

卿上奏说："黄帝建成青灵台，十二天就被烧毁，黄帝于是修建明庭。明庭，就是甘泉宫。"方士大多说古代帝王有在甘泉建都的。那以后天子又让诸侯到甘泉宫朝见，在甘泉宫修建诸侯的府邸。勇之于是说："越地发生火灾时的风俗，是另起的房屋一定要比原来的大，用以制服灾殃。"于是修造建章宫，规模大到有千门万户。前殿的规模高于未央宫。它的东面是凤阙，高二十多丈。它的西面是唐中，周围有数十里虎圈。它的北面建造有大池，渐台高二十多丈，名叫泰液池，池中有蓬莱、方丈、瀛洲、壶梁四座仙山，模仿海中的神山和龟鱼之类。它的南面有玉堂、璧门和大鸟之类。于是设立神明台、井干楼，规模有五十余丈，楼台间由辇道相互连接。

夏天，汉朝更改历法，以正月为一年的开始，并且崇尚黄色，官名印章改为五个字，即定当年为太初元年。这年，向西讨伐大宛。蝗虫大量出现。丁夫人和洛阳人虞初等人用方术诅咒匈奴和大宛。

第二年，有大臣说雍县五畤祭祀没有煮熟的太牢祭品，芬芳的祭品不齐备。于是下令让祠官把熟牛犊作为祭品进献给各畤，五色食物按五行相克的规律摆设，而以木偶马代替马驹。只有祭祀五帝用马驹，天子亲自举行郊祭用马驹。至于祭祀各名山大川所用的马驹，全部用木偶马代替。

巡行经过的地方举行祭祀，才用马驹。其他礼仪依旧如故。

第二年，天子向东到海上巡行，考察访求神仙之事，没有应验的。有方士说"黄帝时修建五城十二楼，用来在执期等候仙人，命名为迎年"。皇上允许修建城楼，按那个方士所说的进行，名叫明年祠。皇上亲临祭祀上帝，穿黄色衣服。

公玊带说："黄帝时虽在泰山封禅，但风后、封钜、岐伯让黄帝到东泰山祭天，到凡山举行祭地礼，使之合乎福瑞，然后长生不死。"天子下令陈设祭具后，到达东泰山，东泰山矮小，与它的名声不相称，就令祠官祭祀它，不在那里举行封禅。之后命令公玊带在此供奉祭祀，等候神仙。夏天，天子便返回泰山，同以前一样举行五年一次的封禅大典，而在石闾山增加祭祀地神的仪式。石闾山，在泰山脚下的南方，方士大多说这是仙人的居所，所以皇上亲临祭祀地神。

之后五年，天子再次到泰山举行封禅大典，返回时顺道祭了恒山。

当今天子所兴建的祭祠，泰一祠、后土祠，每三年亲自郊祭一次，创建汉家封禅礼制，每五年举行一次祭天。薄忌建议修建的泰一祠及三一、冥羊、马行、赤星这五个神祠，由宽舒带领的祠官每年按时祭祀。共六座祭祠，都由太祝主管。至于

其明年，东巡海上，考神仙之属，未有验者。方士有言："黄帝时为五城十二楼，以候神人于执期，命曰迎年。"上许作之如方，命曰明年。上亲礼祠上帝焉。

公玊带曰："黄帝时虽封泰山，然风后、封钜、岐伯令黄帝封东泰山，禅凡山，合符，然后不死焉。"天子既令设祠具，至东泰山，东泰山卑小，不称其声，乃令祠官礼之，而不封禅焉。其后令带奉祠候神物。夏，遂还泰山，修五年之礼如前，而加以禅祠石闾。石闾者，在泰山下址南方，方士多言此仙人之闾也，故上亲禅焉。

其后五年，复至泰山修封。还过祭恒山。

今天子所兴祠，太一、后土，三年亲郊祠，建汉家封禅，五年一修封。薄忌太一及三一、冥羊、马行、赤星，五，宽舒之祠官以岁时致礼。凡六祠，皆太祝领之。至如八神诸

神，明年、凡山他名祠，行过则祠，行去则已。方士所兴祠，各自主，其人终则已，祠官不主。他祠皆如其故。今上封禅，其后十二岁而还，遍于五岳、四渎矣。而方士之候祠神人，入海求蓬莱，终无有验。而公孙卿之候神者，犹以大人之迹为解，无有效。天子益怠厌方士之怪迂语矣，然羁縻不绝，冀遇其真。自此之后，方士言神祠者弥众，然其效可睹矣。

太史公曰：余从巡祭天地诸神名山川而封禅焉。入寿宫侍祠神语，究观方士祠官之意，于是退而论次自古以来用事于鬼神者，具见其表里。后有君子，得以览焉。若至俎豆珪币之详，献酬之礼，则有司存。

像八神等诸神，以及明年、凡山等其他名祠，巡行路过时就祭祀，离开后就作罢。方士所兴建的祭祠，由他们各自祭祀，本人死后就作罢，祠官不再主持。其他祭祠都依旧如故。当今皇上封禅，此后十二年以来，所祭神灵遍及五岳、四渎。而方士等候祭祀神人，入海访求蓬莱仙人，始终都没有应验。而公孙卿等候神仙，仍以巨人的脚印为说辞，也没有效验。天子也日益怠慢厌恶方士们怪诞迂腐的言辞了，然而还是对他加以笼络，没有断绝和他的关系，希望能遇到真正的神仙。自此以后，方士谈论祭祀神仙的越来越多，但其效验如何却也可以看出来。

太史公说：我跟从皇上出巡，祭祀天地诸神和名山大川，并且参加了封禅大典。我进入寿宫陪侍皇上祭祀，细听神语，推究观察方士和祠官的言论，回来后便依次论述自古以来祭祀鬼神的活动，把这些活动的里外情形完全展现出来，使后世君子，能够据此了解其中情形。至于祭祀时的俎豆、珪币的使用详情，献祭酬神的礼仪，则有相关官员记载保存下来。

河渠书

《夏书》说：夏禹治理洪水十三年，路过家时也不进家门。他行陆路时乘车，行水路时乘船，行泥路踩橇，行山路用登山的木屐。从而划分九州，随山势地形疏浚河川，根据土地物产确定贡赋。他开通九州道路，筑好九州堤防，度量九州山势。然而黄河泛滥成灾，给中原造成很大的危害，于是把治理黄河作为当务之急。所以引导河水从积石山经过龙门，向南到达华阴，向东而下经过砥柱，以及孟津、洛汭，到达大邳。这时候夏禹认为黄河流经的地方地势高，水流湍急，难以在平地上流过，造成多次灾害，于是把黄河分流成两条支流以减小水势。在北边把黄河水引入高地，经过降水，到达大陆泽，之后再分流成九条大河，共同成为入海河流，迎受海浪而成"逆河"，流入渤海。九州河川疏通之后，九州湖泽也已筑起堤坝，华夏诸国都安定无事，其功绩一直惠及夏、商、周三代。

从此以后，又在荥阳以下引黄河之水向东南流，成为鸿沟，连通了宋、郑、陈、

《夏书》曰：禹抑洪水十三年，过家不入门。陆行载车，水行载舟，泥行蹈毳，山行即桥。以别九州，随山浚川，任土作贡。通九道，陂九泽，度九山。然河灾衍溢，害中国也尤甚。唯是为务。故道河自积石历龙门，南到华阴，东下砥柱，及孟津、雒汭，至于大邳。于是禹以为河所从来者高，水湍悍，难以行平地，数为败，乃厮二渠以引其河。北载之高地，过降水，至于大陆，播为九河，同为逆河，入于勃海。九川既疏，九泽既洒，诸夏艾安，功施于三代。

自是之后，荥阳下引河东南为鸿沟，以通宋、郑、陈、蔡、

曹、卫，与济、汝、淮、泗会。于楚，西方则通渠汉水、云梦之野，东方则通鸿沟江淮之间。于吴，则通渠三江、五湖。于齐，则通菑济之间。于蜀，蜀守冰凿离碓，辟沫水之害，穿二江成都之中。此渠皆可行舟，有余则用溉浸，百姓飨其利。至于所过，往往引其水益用溉田畴之渠，以万亿计，然莫足数也。

西门豹引漳水溉邺，以富魏之河内。而韩闻秦之好兴事，欲罢之，毋令东伐，乃使水工郑国间说秦，令凿泾水自中山西邸瓠口为渠，并北山东注洛三百余里，欲以溉田。中作而觉，秦欲杀郑国。郑国曰："始臣为间，然渠成亦秦之利也。"秦以为然，卒使就渠。渠就，用注填阏之水，溉泽卤之地四万余顷，收皆亩一钟。于是关中为沃野，无凶年，秦以富强，卒并诸侯，因命曰郑国渠。

汉兴三十九年，孝文时河决酸枣，东溃金隄，于是东郡

蔡、曹、卫，与济水、汝水、淮水、泗水汇合。在楚地，西方有渠道把汉水和云梦泽连通起来，东方则在江淮之间有沟渠相通。在吴地，有渠道使三江、五湖相通。在齐地，有渠道使淄水、济水相通。在蜀地，蜀郡守李冰凿通离碓，以避免沫水造成的水害，又在成都开通了两条江水支流。这些渠道都能行船，有富余的水就用来灌溉，百姓享受它带来的好处。至于渠水所过之处，人们往往开凿支渠引渠水灌溉田地，渠数以亿万计，但也是不能数清的。

西门豹引漳水灌溉邺地，使魏国的河内地区富足起来。韩国听说秦国喜欢兴办工役之事，想消耗秦国的国力，使它无力向东征伐，就派水工郑国为间谍游说秦国，让秦国凿开泾水水道，从中山以西到瓠口修一段水渠，沿着北山向东流入洛水，长三百多里，用它灌溉农田。在工程进行时，郑国的目的被发觉，秦国想杀掉郑国。郑国说："我确实是间谍，可是渠修成对秦国也是有利益的啊。"秦国认为他说得对，最终让他把渠修成。渠修成后，引来带有淤泥的水灌溉盐碱之地四万多顷，每亩收成能到一钟。于是关中成为肥沃的田野，没有荒年，秦国因此变富变强，最后吞并了诸侯，因此将其命名为郑国渠。

汉朝建立后三十九年，孝文帝时黄河在酸枣决口，在东面的金隄处溃坝，于是

东郡派出大批士卒来堵塞决口。

这之后四十多年，当今天子元光年间，黄河在瓠子决口，向东南流入钜野，与淮水、泗水相连通。于是天子派汲黯、郑当时征发民夫、罪徒去堵塞决口，往往刚堵好又被冲毁。这时武安侯田蚡担任丞相，他的食邑是鄃县。鄃县在黄河北边，黄河决口流向南边，所以鄃地没有发生水灾，邑中收成很好。田蚡对皇上说："江河决口都是上天的事，不能轻易用人力强行堵塞，堵塞决口未必符合天意。"那些会望气、用术数的人也认为说得对。于是天子很长时间不再提堵塞决口的事了。

这时郑当时任大司农，说道："以前从关东漕运来的粮食要逆渭水而上，预计要六个月才能运到，而且漕运水道九百多里，时常有难行之处。若从长安开渠引渭河水，沿着南山而下，到黄河只有三百多里，路直，易于漕运，预计可在三个月内运到，而且沿渠有一万多顷民田，又可以用渠中的水来灌溉农田：这样既可减少漕运时间，节省兵卒，又能使关中的土地更加肥沃，收获粮食。"天子认为他说得对，命令齐人水工徐伯勘测地势，悉数征发士卒数万人穿凿漕渠，三年凿通。通渠后用来漕运，十分便利。这以后漕运逐渐增多，而且渠下的百姓也有足够的水来灌溉农田了。

大兴卒塞之。

其后四十有余年，今天子元光之中，而河决于瓠子，东南注钜野，通于淮、泗。于是天子使汲黯、郑当时兴人徒塞之，辄复坏。是时武安侯田蚡为丞相，其奉邑食鄃。鄃居河北，河决而南则鄃无水灾，邑收多。蚡言于上曰："江河之决皆天事，未易以人力为强塞，塞之未必应天。"而望气用数者亦以为然。于是天子久之不事复塞也。

是时郑当时为大农，言曰："异时关东漕粟从渭中上，度六月而罢，而漕水道九百余里，时有难处。引渭穿渠起长安，并南山下，至河三百余里，径，易漕，度可令三月罢；而渠下民田万余顷，又可得以溉田：此损漕省卒，而益肥关中之地，得谷。"天子以为然，令齐人水工徐伯表，悉发卒数万人穿漕渠，三岁而通。通，以漕，大便利。其后漕稍多，而渠下之民颇得以溉田矣。

其后河东守番係言："漕从山东西，岁百余万石，更砥柱之限，败亡甚多，而亦烦费。穿渠引汾溉皮氏、汾阴下，引河溉汾阴、蒲坂下，度可得五千顷。五千顷故尽河壖弃地，民茭牧其中耳，今溉田之，度可得谷二百万石以上。谷从渭上，与关中无异，而砥柱之东可无复漕。"天子以为然，发卒数万人作渠田。数岁，河移徙，渠不利，则田者不能偿种。久之，河东渠田废，予越人，令少府以为稍入。

其后人有上书欲通褒斜道及漕，事下御史大夫张汤。汤问其事，因言："抵蜀从故道，故道多阪，回远。今穿褒斜道，少阪，近四百里；而褒水通沔，斜水通渭，皆可以行船漕。漕从南阳上沔入褒，褒之绝水至斜，间百余里，以车转，从斜下下渭。如此，汉中之谷可致，山东从沔无限，便于砥柱之漕。且褒斜材木竹箭之饶，拟于巴蜀。"天子以为然，拜汤子印

后来河东太守番係上言："从山东西运的漕粮，每年有一百多万石，经过砥柱这样的阻隔之地，折损很多，且耗费巨大。如果开渠引汾水灌溉皮氏、汾阴的土地，引黄河水灌溉汾阴、蒲坂的土地，估计可以得到五千顷田地。这五千顷地以前是河边荒弃之地，百姓们只是用那里的干草牧养牲畜，现在若灌溉耕种，估计可产粮食二百万石以上。从渭水运到上游长安的粮食，和关中的粮食没什么差别，这样就不需要砥柱以东地区的漕运了。"天子认为他说得对，征发数万人挖水渠开垦水田。几年后，黄河改道，水渠的作用不大了，百姓种田连种子都收不回本。久而久之，河东的水渠和农田荒废了，给了越地迁徙来的百姓，让少府征收田租作为一些收入。

后来有人上书想要打通褒斜道以及漕路运粮，这事被交给了御史大夫张汤处理。张汤询问此事后，就说："要从故道走抵达蜀地，故道多斜坡，迂回绕远。如今打通褒斜道，坡路减少，近了四百里；而且褒水与沔水相通，斜水与渭水相通，都可以行船漕运。漕船从南阳上溯至沔水，进入褒水，褒水的源头通到斜水，其间有一百多里陆路，用车转运，从斜水下行到渭水。这样的话，汉中的粮食可以运到，山东从沔水漕运也没有阻碍，比经过砥柱漕运便利很多，而且褒水、斜水的木材和

竹箭富饶，可以与巴蜀相比。"天子认为他说得对，封张汤的儿子张卬为汉中郡守，征发几万人开凿褒斜道五百多里。开通道路后果然便利且距离近，但水流湍急多石，不能漕运。

之后庄熊罴说："临晋的百姓希望引来洛水灌溉重泉以东一万多顷的盐碱地。如果能得到水来灌溉，每亩产量可以达到十石。"于是为此征发士卒一万多人来开凿渠道，自徵城把洛水引到商颜山下。渠岸容易崩塌，于是沿渠挖井，深的有四十多丈。沿线挖了很多井，井下相通，使水流动。水从地下穿过商颜山，东到山岭有十多里远。井渠从此时开始产生。凿渠时得到了龙骨，所以称这条渠为龙首渠。开凿了十多年，渠道十分通畅，但还没有由此得到太大的好处。

自黄河在瓠子决口后二十多年，作物因此连年歉收，而梁、楚两地最为严重。天子封禅并巡祭名山大川之后，第二年干旱，据说是天要晒干封土因而少雨。天子于是派汲仁、郭昌征发士卒数万人堵塞瓠子决口。这时候天子正在万里沙祭祀，就在返回时亲临黄河决口处，把白马玉璧沉入黄河，命令群臣及将军以下的随从官员都背柴薪填塞黄河决口处。这时东郡百姓烧草木为柴，所以柴薪少，便砍伐淇园的竹子作为堵塞决口的桩柱。

为汉中守，发数万人作褒斜道五百余里。道果便近，而水湍石，不可漕。

其后庄熊罴言："临晋民愿穿洛以溉重泉以东万余顷故卤地。诚得水，可令亩十石。"于是为发卒万余人穿渠，自徵引洛水至商颜下。岸善崩，乃凿井，深者四十余丈。往往为井，井下相通行水。水颓以绝商颜，东至山岭十余里间。井渠之生自此始。穿渠得龙骨，故名曰龙首渠。作之十余岁，渠颇通，犹未得其饶。

自河决瓠子后二十余岁，岁因以数不登，而梁楚之地尤甚。天子既封禅巡祭山川，其明年，旱，干封少雨。天子乃使汲仁、郭昌发卒数万人塞瓠子决。于是天子已用事万里沙，则还自临决河，沈白马玉璧于河，令群臣从官自将军已下皆负薪窴决河。是时东郡烧草，以故薪柴少，而下淇园之竹以为楗。

天子既临河决，悼功之不成，乃作歌曰："瓠子决兮将奈何？皓皓旰旰兮间殚为河！殚为河兮地不得宁，功无已时兮吾山平。吾山平兮钜野溢，鱼沸郁兮柏冬日。延道驰兮离常流，蛟龙骋兮方远游。归旧川兮神哉沛，不封禅兮安知外！为我谓河伯兮何不仁，泛滥不止兮愁吾人！啮桑浮兮淮、泗满，久不反兮水维缓。"一曰："河汤汤兮激潺湲，北渡迂兮浚流难。搴长茭兮沉美玉，河伯许兮薪不属。薪不属兮卫人罪，烧萧条兮噫乎何以御水！颓林竹兮楗石菑，宣房塞兮万福来。"于是卒塞瓠子，筑宫其上，名曰宣房宫。而道河北行二渠，复禹旧迹，而梁楚之地复宁，无水灾。

自是之后，用事者争言水利。朔方、西河、河西、酒泉皆引河及川谷以溉田；而关中辅渠、灵轵引堵水；汝南、九江引淮；东海引钜定；泰山下引汶水：皆穿渠为溉田，各万余顷。佗小渠披山通道者，不可胜言。然其著者在宣房。

天子亲临黄河决口处，痛惜塞河之事不能成功，于是作歌道："瓠子决口啊将如何？浩浩瀚瀚啊闾巷尽数成河！尽数成河啊大地不得安宁，工程无休止啊山已凿平。山已凿平啊钜野泽四溢，鱼儿众多啊冬天来临。河道废弛啊水离常道，蛟龙驰骋啊游向远方。水归旧道啊神福滂沛，若不封禅啊怎知此事！替我问河伯啊为何不仁？大水泛滥啊为难我们！啮桑漂浮啊淮水、泗水盈满，久不回故道啊愿水流稍缓。"另一首歌是："河水浩荡啊激流不绝，北面河道迂远啊疏通困难。取长茭堵决口啊沉美玉于河，河伯答应息水了啊柴薪不足。柴薪不足啊是卫人之罪，柴薪烧光啊如何防水！推倒竹林啊用竹子作桩，宣房堵塞决口啊万福降临。"这时终于堵塞了瓠子决口，在上面筑造了宫室，名为宣房宫。又引导黄河向北分流成两渠，恢复大禹治水时的旧貌，梁、楚地区重新安定，没有水灾了。

从此以后，负责河渠事的官员争相言说兴修水利之事。朔方、西河、河西、酒泉等地都引黄河及川谷之水来灌溉农田；而关中的辅渠、灵轵渠引来诸川之水；汝南、九江引来淮水；东海引来钜定泽之水；泰山下引汶水：都开渠来灌溉农田，各有一万多顷。其他的小渠及沿山势走向开通的水道就说不完了。但最著名的还是在宣房。

太史公说：我南行登上庐山，观看夏禹疏浚九江的遗迹，于是到达会稽太湟，登上姑苏山，眺望五湖；向东考察了洛汭、大邳，迎河而上，走过淮水、泗水、济水、漯水和洛水的各条渠道；向西瞻望了蜀国的岷山和离碓；向北从龙门到达朔方。我想说：啊，水与人的利害关系太大了！我跟随皇帝，参与背柴薪堵塞宣房决口之事，感伤于《瓠子》这首诗，于是写成这篇《河渠书》。

太史公曰：余南登庐山，观禹疏九江，遂至于会稽太湟，上姑苏，望五湖；东窥洛汭、大邳，迎河，行淮、泗、济、漯洛渠；西瞻蜀之岷山及离碓；北自龙门至于朔方。曰：甚哉，水之为利害也！余从负薪塞宣房，悲《瓠子》之诗而作《河渠书》。

史记卷三十

书第八

平准书

汉朝兴起，承接了秦朝的破败局面，壮年男子从军入伍，老弱之人运送粮饷，事务繁剧而财政匮乏，贵为天子也备不齐一辆四匹同样毛色的马驾的车子，而将相有的甚至乘坐牛车，老百姓家没有一点积蓄。在当时因秦朝的钱太重不便流通，就命令百姓改铸轻钱，黄金一锭为一斤，简化法令，省约禁条。而不守法令、唯利是图之人，积蓄财物囤积居奇，以操纵市场物价，导致物价飞涨、粮价腾踊，米价涨到一石一万钱，马一匹一百金。

天下平定后，高祖就命令商人不得穿丝绸和乘车，加重租税来抑制和侮辱他们。孝惠、高后时，天下刚刚安定，就放宽了对商人的法令，但商人的子孙也不得当官做吏。按照官吏的俸禄和官府的用度，来向百姓征收赋税。而山川、园池、市场的租税收入，自天子以下至大小封君的汤沐邑，都作为私人各自的奉养之用，他们不再从国家经费里支取费用。用崤山以东地区漕运来的粮食供应京师的官员，每年不

汉兴，接秦之弊，丈夫从军旅，老弱转粮饷，作业剧而财匮，自天子不能具钧驷，而将相或乘牛车，齐民无藏盖。于是为秦钱重难用，更令民铸钱，一黄金一斤，约法省禁。而不轨逐利之民，蓄积余业以稽市物，物踊腾粜，米至石万钱，马一匹则百金。

天下已平，高祖乃令贾人不得衣丝乘车，重租税以困辱之。孝惠、高后时，为天下初定，复弛商贾之律，然市井之子孙亦不得仕宦为吏。量吏禄，度官用，以赋于民。而山川园池市井租税之入，自天子以至于封君汤沐邑，皆各为私奉养焉，不领于天下之经费。漕转山东粟，以给中都官，岁不过

数十万石。

至孝文时，荚钱益多，轻，乃更铸四铢钱，其文为"半两"，令民纵得自铸钱。故吴，诸侯也，以即山铸钱，富埒天子，其后卒以叛逆。邓通，大夫也，以铸钱财过王者。故吴、邓氏钱布天下，而铸钱之禁生焉。

匈奴数侵盗北边，屯戍者多，边粟不足给食当食者。于是募民能输及转粟于边者拜爵，爵得至大庶长。

孝景时，上郡以西旱，亦复修卖爵令，而贱其价以招民；及徒复作得输粟县官以除罪。益造苑马以广用，而宫室列观舆马益增修矣。

至今上即位数岁，汉兴七十余年之间，国家无事，非遇水旱之灾，民则人给家足，都鄙廪庾皆满，而府库余货财。京师之钱累巨万，贯朽而不可校。太仓之粟陈陈相因，充溢露积于外，至腐败不可食。众庶街巷有马，阡陌之间成群，而乘字牝者傧而不得聚会。守闾阎者食粱肉，为吏者长子

到孝文帝时，荚钱越来越多，而且轻，于是改铸四铢钱，钱上有文"半两"，让百姓可以私自铸钱。原来的吴国，只是个诸侯国，但因为靠近铜山铸造钱币，富比天子，后来正是凭此反叛。邓通位在大夫，通过铸钱财产超过王侯。所以吴国、邓氏的钱遍布天下，而禁止私自铸钱的命令产生。

匈奴多次侵掠北部边境，屯驻戍守的士卒很多，边境上的粮食不够供给。于是招募百姓，能纳粮给官府或把粮食运到边境的封爵，爵位最高可至大庶长。

孝景帝时，上郡以西干旱，也重新修订了卖爵令，并且降低爵位的价格来招徕百姓；刑徒遇赦为官役的，能向官府缴纳粮食就可免除罪过。建造苑囿，繁育牧马以备用，而宫室、宫观、车马也越来越精美了。

到当今皇上即位数年，汉朝兴建七十多年之间，国家无大事，如果不是遇到水旱灾害，就可以人民富裕家用充足，各郡县粮仓都满满的，而府库中还有很多货物钱财。京师积蓄的钱财累计亿万，钱串的绳子朽烂的不计其数。太仓中的一批批陈粮吃不完，充满溢出，露积在外，直到腐烂不可食用。普通街巷的百姓都有马匹，田野间的马匹更是成群结队，骑母马的人甚至被排挤不能参加聚会。守看里巷的人

也能吃到细粮和肉，国家无事，吏员的子孙长大了，他们都不需转职任，做官久了他们就以官为姓氏。因此人人自爱，把犯法行为看得很重，崇尚行义而鄙视可耻的行为。正当这时，法令宽疏而百姓富足，出现了凭借财势骄纵不法之事，有的地方甚至出现兼并土地的地方豪族，他们凭借武力在乡里横行。有封地的宗室以及公卿大夫以下的人争相奢侈，屋室、车马、服饰都超越了自身等级，没有限度。物盛则衰，这本来就是事物变化的规律。

从此以后，严助、朱买臣等人招徕东瓯，对两越用兵，江淮之间变得冷清萧条而百姓烦扰、资财耗费了。唐蒙、司马相如开通了去西南夷的道路，凿通一千多里的山路，用来开发巴蜀地区，这使巴蜀地区的百姓疲敝不堪。彭吴为灭朝鲜，设置了沧海郡，而燕、齐之间如风靡草偃般骚动起来。等到王恢在马邑设计谋袭击匈奴，匈奴与汉断绝和亲，侵扰北部边境，兵连祸结而无法和解，天下又苦于战争的劳累，而战事却一天比一天多。出征的人自备衣食，留下的人运送粮草，都城内外都扰攘不堪，为战争而忙碌着，百姓只得以奸巧的行径来逃避法令，财物逐渐耗竭而不够使用。缴纳财物的人可以做官，献出财货的人可以除罪，选举制度遭到破坏，人们不顾廉耻，勇武有力的人被重用，法令日

孙，居官者以为姓号。故人人自爱而重犯法，先行义而后绌耻辱焉。当此之时，网疏而民富，役财骄溢，或至兼并豪党之徒，以武断于乡曲。宗室有土公卿大夫以下，争于奢侈，室庐舆服僭于上，无限度。物盛而衰，固其变也。

自是之后，严助、朱买臣等招来东瓯，事两越，江淮之间萧然烦费矣。唐蒙、司马相如开路西南夷，凿山通道千余里，以广巴蜀，巴蜀之民罢焉。彭吴贾灭朝鲜，置沧海之郡，则燕齐之间靡然发动。及王恢设谋马邑，匈奴绝和亲，侵扰北边，兵连而不解，天下苦其劳，而干戈日滋。行者赍，居者送，中外骚扰而相奉，百姓抏弊以巧法，财赂衰耗而不赡。入物者补官，出货者除罪，选举陵迟，廉耻相冒，武力进用，法严令具。兴利之臣自此始也。

其后，汉将岁以数万骑出击胡，及车骑将军卫青取匈奴河南地，筑朔方。当是时，汉通西南夷道，作者数万人，千里负担馈粮，率十余钟致一石，散币于邛僰以集之。数岁道不通，蛮夷因以数攻，吏发兵诛之。悉巴蜀租赋不足以更之，乃募豪民田南夷，入粟县官，而内受钱于都内。

东至沧海之郡，人徒之费拟于南夷。又兴十万余人筑卫朔方，转漕甚辽远，自山东咸被其劳，费数十百巨万，府库益虚。乃募民能入奴婢得以终身复，为郎增秩，及入羊为郎，始于此。

其后四年，而汉遣大将将六将军、军十余万击右贤王，获首虏万五千级。明年，大将军将六将军仍再出击胡，得首虏万九千级。捕斩首虏之士受赐黄金二十余万斤，虏数万

益严厉苛刻。为国生财谋利之臣从此产生了。

这之后，汉朝将领每年都带领数万骑兵出击胡地，后来车骑将军卫青夺取匈奴河套以南地区，修筑了朔方城。这时，汉朝开通了西南夷的道路，修路的有数万人，从千里之外挑着担运送粮食，每十多钟粮食只能运到一石，把钱币散发于邛、僰地区以筹集粮食。过了几年道路仍未修通，蛮夷乘机多次进攻，官吏发兵诛灭他们。以巴蜀地区全部租赋也不足以维持这种局面，于是招募豪富之民去南夷种田，让他们把收获的粮食卖给地方官府，到京城领取钱款。

东方的沧海郡，用人的费用与南夷差不多。又征发十万多人修筑守卫朔方城，水陆运输的路途极为遥远，崤山以东地区的百姓都承受着这种劳苦，花费达数十亿到上百亿钱，府库更加空虚。于是规定能献纳奴婢的百姓可以终身免除徭役，本身是郎官的就增加秩级。另外，献纳羊就可以做郎官，就是从这时开始的。

这之后四年，汉朝派遣大将率领六位将军，十多万人的军队，攻打匈奴右贤王，斩杀及俘虏共一万五千人。第二年，大将军率领六位将军再次去攻打胡人，斩杀及俘虏共一万九千人。赏赐给捕获、斩杀敌人的将士黄金有二十多万斤，俘虏的数万

胡人也都得到丰厚的赏赐，衣服食物仰仗官府供给；而汉军将士和死掉的马匹都有十多万，兵器、铠甲的费用和水陆运输的花费还不计算在内。于是大司农陈说库藏旧钱已经耗尽，赋税收入也已用完，还不足以供应战士的需要。有关官员说："天子说：'我听说五帝的教令不相重复也能治理天下，夏禹、商汤的法令不一样各自也能称王，他们所走的路不同，但建立的功德是一样的。北部边境没有得到安宁，我对此很难过。前些日子，大将军攻打匈奴，斩首或俘获一万九千人，拖延至今还没得到赏赐。你们商议一下，让百姓花钱买爵位，以及缴纳赎金减免禁锢等罪行之事。'有官员请求设置奖赏的官爵，将其命名为武功爵。每级十七万钱，共值三十多万金。凡买武功爵到官首一级的可候补为官吏，优先除授；千夫一级与五大夫相当；有罪之人减二等；买爵最高可到乐卿：通过这些来凸显高级军功的荣耀。"对立军功的人大多越级提拔，功大的封侯做卿大夫，功小的做郎官或吏。从此做官的途径既多且杂，而官职也冗滥荒废了。

自公孙弘以《春秋》之义约束臣下而取得汉朝丞相的职位，张汤用严峻的法令条文审判案件而做了廷尉，"见知"之法就由此产生，而对破坏、耽搁、阻拦和诽谤法令的案件穷治不止的情况多起来了。

人皆得厚赏，衣食仰给县官；而汉军之士马死者十余万，兵甲之财、转漕之费不与焉。于是大农陈藏钱经耗，赋税既竭，犹不足以奉战士。有司言："天子曰：'朕闻五帝之教不相复而治，禹、汤之法不同道而王，所由殊路，而建德一也。北边未安，朕甚悼之。日者，大将军攻匈奴，斩首虏万九千级，留蹛无所食。议令民得买爵及赎禁锢免减罪。'请置赏官，命曰武功爵。级十七万，凡直三十余万金。诸买武功爵官首者试补吏，先除；千夫如五大夫；其有罪又减二等，爵得至乐卿：以显军功。"军功多用越等，大者封侯卿大夫，小者郎吏。吏道杂而多端，则官职耗废。

自公孙弘以《春秋》之义绳臣下取汉相，张汤用峻文决理为廷尉，于是"见知"之法生，而废格沮诽穷治之狱用矣。其明年，淮南、衡山、江都王谋反迹见，而公卿寻端治之，竟其党与，而坐死者数万人，长吏益惨急而法令明察。

当是之时，招尊方正贤良文学之士，或至公卿大夫。公孙弘以汉相，布被，食不重味，为天下先。然无益于俗，稍骛于功利矣。

其明年，骠骑仍再出击胡，获首四万。其秋，浑邪王率数万之众来降，于是汉发车二万乘迎之。既至，受赏，赐及有功之士。是岁费凡百余巨万。

初，先是往十余岁河决观，梁楚之地固已数困，而缘河之郡堤塞河，辄决坏，费不可胜计。其后番系欲省底柱之漕，穿汾、河渠以溉田，作者数万人；郑当时为渭漕渠回远，凿直渠自长安至华阴，作者数万人；朔方亦穿渠，作者数万人：各历二三期，功未就，费亦各巨万十数。

天子为伐胡，盛养马，马之来食长安者数万匹，卒牵掌

第二年，淮南王、衡山王、江都王谋反的事被发觉，官员们寻根究底，审理此案，穷追其党羽，牵连而死的有数万人，官吏更加严酷，法令更加苛刻。

此时，朝廷正招纳、尊崇"方正""贤良""文学"之士，有的升任公卿大夫。公孙弘身为汉朝丞相，盖布被，吃饭不吃两样菜肴，为天下人做出榜样。然而这对世俗并没有帮助，慢慢地人们都去追逐功利了。

第二年，骠骑将军再次出击攻打胡人，斩获首级四万。这年秋天，浑邪王率领数万之众来投降，于是汉朝调发两万辆车迎接他们。到达之后，给他们赏赐，赏赐也涉及了有功的将士。这年的花费共有一百多亿钱。

起初，在十几年前黄河在观县决口，梁、楚之地原已经数次遭困，而沿河各郡筑堤塞河，经常封堵后即被冲垮，耗费之多无法估计。这以后番系想节省砥柱漕运的费用，凿渠引汾水和黄河水来灌溉田地，修渠的有数万人；郑当时因为渭水漕运曲折路远，自长安到华阴开凿了一条直渠，修渠的有数万人；朔方郡也凿渠，修渠的有数万人：这些工程都历时两三年，工程还没完，花费也都各有数十亿钱了。

天子为讨伐胡人，大肆养马，在长安就食的马有几万匹，关中养马的士卒不足，

就从附近的郡县征调。而投降的胡人都由官府供给衣食，官府不能供应，天子就省减膳食费用，解下自己的车马，拿出内廷府库钱物来供养他们。

第二年，崤山以东地区遭受水灾，百姓大多饥饿困乏，于是天子派遣使者倾尽各郡国的粮仓来赈济灾民。但这仍然不够，又招募豪富之家借粮给灾民。还是不能相救，于是把贫民迁移至函谷关以西，又让他们到朔方以南新秦中来充实这个地区，共七十多万人，衣服食物都仰仗官府供给。这数年中，官府给予他们土地和农具等，派使者分部保护他们，派出的使者络绎不绝。钱财耗费数以亿计，不可胜数。

在当时地方官府财力大空，而有的富商大贾却积贮财货，役使贫民，运货的车辆数以百计，囤积居奇，封君都向他们低头，仰仗他们的供给。有的富商冶铁煮盐，财产累积到万金，却不解救国家的危难，百姓陷入困境之中。于是天子与公卿商议，改铸新钱、制造新币以满足需要，同时打击逐利兼并之徒。这时皇上苑囿中有白鹿而少府中有许多银锡。自孝文帝改铸四铢钱，到这年已经四十多年了，建元以来，用度不足，官府往往到产铜多的山铸钱，民间也乘机偷偷铸钱，这样的情况数不胜数。钱越来越多，且轻；货物越来越少，且贵。主管官员说道："古代的皮币，

者关中不足，乃调旁近郡。而胡降者皆衣食县官，县官不给，天子乃损膳，解乘舆驷，出御府禁藏以赡之。

其明年，山东被水灾，民多饥乏，于是天子遣使者虚郡国仓廥以振贫民。犹不足，又募豪富人相贷假。尚不能相救，乃徙贫民于关以西，及充朔方以南新秦中，七十余万口，衣食皆仰给县官。数岁，假予产业，使者分部护之，冠盖相望。其费以亿计，不可胜数。

于是县官大空，而富商大贾或蹛财役贫，转毂百数，废居居邑，封君皆低首仰给。冶铸煮盐，财或累万金，而不佐国家之急，黎民重困。于是天子与公卿议，更钱造币以赡用，而摧浮淫并兼之徒。是时禁苑有白鹿而少府多银锡。自孝文更造四铢钱，至是岁四十余年，从建元以来，用少，县官往往即多铜山而铸钱，民亦间盗铸钱，不可胜数。钱益多而轻，物益少而贵。有司言曰："古者皮币，诸侯以聘享。金有三等，

黄金为上，白金为中，赤金为下。今半两钱法重四铢，而奸或盗摩钱里取镕，钱益轻薄而物贵，则远方用币烦费不省。”乃以白鹿皮方尺，缘以藻缋，为皮币，直四十万。王侯宗室朝觐聘享，必以皮币荐璧，然后得行。

又造银锡为白金。以为天用莫如龙，地用莫如马，人用莫如龟，故白金三品：其一曰重八两，圜之，其文龙，名曰“白选”，直三千；二曰以重差小，方之，其文马，直五百；三曰复小，撱之，其文龟，直三百。令县官销半两钱，更铸三铢钱，文如其重。盗铸诸金钱罪皆死，而吏民之盗铸白金者不可胜数。

于是以东郭咸阳、孔仅为大农丞，领盐铁事；桑弘羊以计算用事，侍中。咸阳，齐之大煮盐，孔仅，南阳大冶，皆致生累千金，故郑当时进言之。弘羊，雒阳贾人子，以心计，年十三侍中。故三人言利事析秋豪矣。

诸侯聘享时使用。金有三等，黄金为上等，白金为中等，赤金为下等。如今半两钱的法定重量是四铢，而奸人或盗贼磨损钱币以取铜屑，钱币更加轻薄而物价更贵，而且远方用币不便，耗费还多。”于是将一尺见方的白鹿皮，边缘饰以文绣，作为皮币，值四十万钱。王侯、宗室朝觐聘享时，必须用皮币垫在玉璧之下，然后才能继续行礼。

又用银锡铸成白金。大臣认为天上之物最重要的莫过于龙，地上之物最重要的莫过于马，人们所最看重的莫过于龟，所以把白金分为三品：第一品重八两，圆形，它的花纹是龙，名为“白选”，值三千钱；第二品重量稍轻，方形，它的花纹是马，值五百钱；第三品又轻些，椭圆形，它的花纹是龟，值三百钱。命令县一级官府销毁半两钱，改铸三铢钱，钱文与重量相符。盗铸各种金钱的都处以死罪，然而盗铸白金的吏民仍不可胜数。

当时任命东郭咸阳、孔仅做了大司农丞，掌管盐铁事务；桑弘羊因善于计算被任用，做了侍中。东郭咸阳是齐地的大盐商，孔仅是南阳的冶铁大家，都致力生产积累有千金家财，所以郑当时向皇帝举荐他们。桑弘羊，是洛阳商人的儿子，因擅长心算，十三岁就做了侍中。所以这三人讲求财利，能做到精细入微，明察秋毫。

随着法令越来越严酷，官吏大多被废免。战争多次爆发，很多百姓花钱买到免除徭役或五大夫的爵位，可征发的士卒越来越少。于是除授有千夫、五大夫爵位的人做官，不想做官的出一匹马；原来做官的都贬谪到上林苑砍柴，或让他们去修建昆明池。

第二年，大将军、骠骑将军大举攻打胡人，捕获斩杀胡人八九万，赏赐花费五十万金，汉朝军队死的马有十多万匹，水陆运输及制造车辆铠甲的费用不计算在内。这时财政匮乏，有许多战士得不到俸禄。

主管官员说三铢钱太轻，容易舞弊，于是请求各郡国改铸五铢钱，在钱的背面四周加厚钱廓，使人不能磨取铜屑。

大司农奏上盐铁丞孔仅、东郭咸阳的话说："山海，是天地的宝藏，都应该属于少府，陛下不自私，把它划归大司农以补充赋税。希望招募百姓自备经费，用官府器具来冶铁煮盐，官府提供牢盆。那些追利的商人想独占山海物产来发财致富，奴役百姓取利。他们阻挠此事的议论，听都听不完。敢私自铸铁煮盐的，用铁钳箍住左脚趾，没收他的器物。不产铁的郡，设置小铁官，就便隶属于所在地的县。"命孔仅、东郭咸阳乘传车兴办天下盐铁之事，设立相关部门，任命原来经营盐铁的富人为吏。为吏之道更加杂乱，不再选举，

法既益严，吏多废免。兵革数动，民多买复及五大夫，征发之士益鲜。于是除千夫五大夫为吏，不欲者出马；故吏皆適令伐棘上林，作昆明池。

其明年，大将军、骠骑大出击胡，得首虏八九万级，赏赐五十万金，汉军马死者十余万匹，转漕、车甲之费不与焉。是时财匮，战士颇不得禄矣。

有司言三铢钱轻，易奸诈，乃更请诸郡国铸五铢钱，周郭其下，令不可磨取鋊焉。

大农上盐铁丞孔仅、咸阳言："山海，天地之藏也，皆宜属少府，陛下不私，以属大农佐赋。愿募民自给费，因官器作煮盐，官与牢盆。浮食奇民欲擅管山海之货，以致富羡，役利细民。其沮事之议，不可胜听。敢私铸铁器煮盐者，钛左趾，没入其器物。郡不出铁者，置小铁官，便属在所县。"使孔仅、东郭咸阳乘传举行天下盐铁，作官府，除故盐铁家富者为吏。吏道益杂，不选，而

多贾人矣。

商贾以币之变，多积货逐利。于是公卿言："郡国颇被灾害，贫民无产业者，募徙广饶之地。陛下损膳省用，出禁钱以振元元，宽贷赋，而民不齐出于南亩，商贾滋众。贫者畜积无有，皆仰县官。异时算轺车，贾人缗钱皆有差，请算如故。诸贾人末作贳贷卖买，居邑稽诸物，及商以取利者，虽无市籍，各以其物自占，率缗钱二千而一算。诸作有租及铸，率缗钱四千一算。非吏比者三老、北边骑士，轺车以一算；商贾人轺车二算；船五丈以上一算。匿不自占，占不悉，戍边一岁，没入缗钱。有能告者，以其半畀之。贾人有市籍者，及其家属，皆无得籍名田，以便农。敢犯令，没入田僮。"

天子乃思卜式之言，召拜式为中郎，爵左庶长，赐田十顷，布告天下，使明知之。

初，卜式者，河南人也，以田畜为事。亲死，式有少弟，

而官吏中有很多是商人了。

商人因货币改铸，就多囤积货物来追逐利益。于是公卿上言："郡国受灾严重，没有产业的贫民，可以招募迁徙到广阔富饶的地方。陛下减少膳食开支，节省费用，拿出内廷的钱来赈济百姓，放宽贷款和赋税，然而百姓仍不能都到田亩中耕作，商人越来越多。贫民没有积蓄，都仰仗官府供给。过去轺车、商人的缗钱都按等级纳算赋，请照旧征收算赋。那些从事末业的商人凡赊贷买卖，囤积居奇，以及经商取利，即使没有市籍，也要按自己的货物财产申报，一律按缗钱二千出一算缴税。各种有租税的手工业以及冶铸业，一律按缗钱四千出一算缴税。不能与官吏相比的三老、北边骑士，有轺车的一辆缴纳一算；有轺车的商人一辆缴纳两算；有长五丈以上的船的人也要缴纳一算。隐匿不申报资产或不全部申报的人，罚戍边一年，没收缗钱。有能告发的人，把被没收者一半的资产给他。有市籍的商人以及他的家属，都不得占有田地，以鼓励农业。敢违犯法令的，没收他的田地和奴仆。"

于是天子想起卜式的话，就征召卜式为中郎，封爵左庶长，赐给他农田十顷，布告天下，让天下人知道这件事。

卜式，原是河南人，以种田和畜牧为业。双亲去世，卜式有个年少的弟弟，弟

弟长大后，卜式从家中分出去自己过，只带走了一百多只家中养的羊，田宅财物全都给了弟弟。卜式进山牧羊十几年，羊达到了一千多头，又买了田宅。而他的弟弟却败光了自己的全部家业，卜式又多次分给弟弟东西。这时汉朝正数次派将领攻打匈奴，卜式上书说，愿意把家产的一半捐给官府以资助边境用。天子派使者问卜式："想做官吗？"卜式说："我从小放牧，不熟悉做官的事，不愿意。"使者问道："难道家中有冤情，想对天子讲述吗？"卜式说："我生来与人无所纷争，我的同邑中人有贫穷的我就借钱给他们，有不善良的我就教导使他们顺从，居住在邑中的人都顺从我，我怎么会有冤情呢！没有要对天子说的话。"使者说："如果真是这样，你为什么要这么做呢？"卜式说："天子诛灭匈奴，我认为贤者应当死节于边境，有钱财的应当捐输财物，这样匈奴就可以灭掉了。"使者把他的话详细汇报给了天子。天子把这话又转告给了丞相公孙弘。公孙弘说："这不合人情。不合常理的人，不可以被树立为榜样从而扰乱了法度，希望陛下不要答应。"于是皇上很久没有答复卜式，过了数年，才打发卜式回家。卜式回去后，又耕田放牧。过了一年多，赶上军队屡次出征的时期，浑邪王等人投降，官府花费很多，仓廪府库空虚。

弟壮，式脱身出分，独取畜羊百余，田宅财物尽予弟。式入山牧十余岁，羊致千余头，买田宅。而其弟尽破其业，式辄复分予弟者数矣。是时汉方数使将击匈奴，卜式上书，愿输家之半县官助边。天子使使问式："欲官乎？"式曰："臣少牧，不习仕宦，不愿也。"使问曰："家岂有冤，欲言事乎？"式曰："臣生与人无分争。式邑人贫者贷之，不善者教顺之，所居人皆从式，式何故见冤于人！无所欲言也。"使者曰："苟如此，子何欲而然？"式曰："天子诛匈奴，愚以为贤者宜死节于边，有财者宜输委，如此而匈奴可灭也。"使者具其言入以闻。天子以语丞相弘。弘曰："此非人情。不轨之臣，不可以为化而乱法，愿陛下勿许。"于是上久不报式，数岁，乃罢式。式归，复田牧。岁余，会军数出，浑邪王等降，县官费众，仓府空。其明年，贫民大徙，皆仰给县官，无以尽赡。卜式持钱二十万予河南守，以给徙民。河南上富人助贫人者籍,天子见卜式名,识之,曰:"是固前而欲输其家半助边。"乃赐式外繇四百人。式又尽复予县官。是时富豪皆争匿财,唯式尤欲输之助费。天子于是以式终长者,故尊显以风百姓。

初,式不愿为郎。上曰:"吾有羊上林中,欲令子牧之。"式乃拜为郎,布衣屩而牧羊。岁余,羊肥息。上过,见其羊,善之。式曰:"非独羊也,治民亦犹是也。以时起居;恶者辄斥去,毋令败群。"上以式为奇,拜为缑氏令试之,缑氏便之。迁为成皋令,将漕最。上以为式朴忠,拜为齐王太傅。

而孔仅之使天下铸作器,三年中拜为大农,列于九卿。而桑弘羊为大农丞,管诸会计事,稍稍置均输以通货物矣。

始令吏得入谷补官,郎至六百石。

第二年,贫民大举迁徙,都仰仗官府供给,官府无力全部供给。卜式带着二十万钱给河南郡守,以供给迁移的民众。河南呈上富人帮助穷人的名册,天子看到卜式的名字,记得他,说:"是原先想输出自己一半家产资助边境战争的人。"于是赐给卜式四百人的代更钱。卜式又将其全部给了当地官府。这时富豪都争相隐匿钱财,只有卜式一心想着输资帮助官府。于是天子认为卜式是个有德行的人,因此使他尊贵显赫,以教化百姓。

起初,卜式不愿做郎官。皇上说:"我在上林苑中有羊,想让你去放牧。"卜式于是做了郎官,穿着布衣草鞋牧羊。一年多后,羊群肥壮而且繁殖很多。皇上路过看到那些羊,很赞赏他。卜式说:"不只是羊,治理百姓也一样。令其按时作息,有坏的就立刻赶走,不要让其败坏族群。"皇上认为卜式很出众,便试任命他为缑氏令,缑氏人都非常认可他。改任为成皋令,主管漕运,成绩最优。皇上认为卜式朴实忠厚,任命他为齐王太傅。

而孔仅由于出使天下各地铸造铁器,三年之中升为大司农令,位列九卿。而桑弘羊担任大司农丞,掌管各种会计事务,渐渐设置均输制度来使货物流通了。

开始允许官吏缴纳谷物补任官职,郎官可纳粮做到六百石级别的官。

铸造白金和五铢钱以后五年，赦免吏民因犯盗铸金钱而获死罪的有数十万人。朝廷没有发现而互相残杀的，不可胜数。赦免自出赎金免罪的有一百多万人。然而能出得起赎金的连一半都没有，天下大抵都在无所顾忌地盗铸金钱了。犯罪的人很多，官吏不能尽数诛杀，于是派遣博士褚大、徐偃等人分批巡察郡国，检举兼并土地的人和非法牟利的郡守、国相。而御史大夫张汤正显贵当权，减宣、杜周等人任中丞，义纵、尹齐、王温舒等人以执法严峻苛刻而被任为九卿，而绣衣直指使者夏兰之类的人开始出现了。

而后大司农令颜异被诛杀。之前，颜异任济南亭长，以清廉正直逐渐升任九卿。天子和张汤造了白鹿皮币，问颜异的意见，颜异说："现在王侯朝贺天子时奉上苍璧，价值不过数千，而铺垫它的皮币反而要四十万，本末不相称。"天子不高兴。张汤本来就与颜异有嫌隙，等到有人以其他事告发颜异，案件交给张汤审理。颜异和门客谈话时，门客谈到新令刚颁布时有不便之处，颜异不回应，只是嘴唇微动。张汤上奏天子，说颜异身为九卿，知法令有不当之处，不上奏而在心中诽谤，判处死罪。从此之后，有了"腹诽"一类的罪名，而公卿大夫们就多用阿谀谄媚来取悦主上。

天子颁布了缗钱令又尊崇卜式之后，

自造白金五铢钱后五岁，赦吏民之坐盗铸金钱死者数十万人。其不发觉相杀者，不可胜计。赦自出者百余万人，然不能半自出。天下大抵无虑皆铸金钱矣。犯者众，吏不能尽诛取，于是遣博士褚大、徐偃等分曹循行郡国，举兼并之徒守相为利者。而御史大夫张汤方隆贵用事，减宣、杜周等为中丞，义纵、尹齐、王温舒等用惨急刻深为九卿，而直指夏兰之属始出矣。

而大农颜异诛。初，异为济南亭长，以廉直稍迁至九卿。上与张汤既造白鹿皮币，问异，异曰："今王侯朝贺以苍璧，直数千，而其皮荐反四十万，本末不相称。"天子不说。张汤又与异有郤，及有人告异以它议，事下张汤治异。异与客语，客语初令下有不便者，异不应，微反唇。汤奏当异九卿见令不便，不入言而腹诽，论死。自是之后，有"腹诽"之法比，而公卿大夫多谄谀取容矣。

天子既下缗钱令而尊卜式，

百姓终莫分财佐县官，于是告
缗钱纵矣。

郡国多奸铸钱，钱多轻，
而公卿请令京师铸钟官赤侧，
一当五，赋官用非赤侧不得行。
白金稍贱，民不宝用，县官以
令禁之，无益。岁余，白金终
废不行。

是岁也，张汤死而民不思。
其后二岁，赤侧钱贱，民
巧法用之，不便，又废。于是
悉禁郡国无铸钱，专令上林三
官铸。钱既多，而令天下非三
官钱不得行，诸郡国所前铸钱
皆废销之，输其铜三官。而民
之铸钱益少，计其费不能相当，
唯真工大奸乃盗为之。

卜式相齐，而杨可告缗
遍天下，中家以上大抵皆遇
告。杜周治之，狱少反者。乃
分遣御史廷尉正监分曹往，即
治郡国缗钱，得民财物以亿计，
奴婢以千万数，田大县数百顷，
小县百余顷，宅亦如之。于是
商贾中家以上大率破，民偷

百姓中最终还是没有人拿出钱财帮助官府，
于是杨可主持的揭发缗钱不实的现象兴盛
起来。

郡国铸钱经常用奸巧之法铸造，很多
钱币轻，所以公卿奏请令京师铸钟官造赤
侧钱，一个赤侧钱值五个郡国所铸的钱，
向官府缴纳赋税必须用赤侧钱。白金渐渐
不值钱，百姓也不愿意使用，官府颁布法
令禁止这种情况，没有效果。过了一年多，
白金最终被废止不再行用。

这一年，张汤死去，而百姓并不怀念他。
过了两年，赤侧钱贬值，百姓们取巧
设法使用赤侧钱，不利于国家，又废止了。
于是下令所有郡国不许铸钱，专门让上林
三官铸钱。铸的钱够多了，就下令天下非
三官钱不得使用，各郡国之前所铸的钱都
作废销毁，熔出的铜上交三官。自此百姓
中铸钱的人更少了，计算铸钱的费用超过
了钱的价值，只有真正有技术的工匠和大
奸商才在盗铸钱币。

卜式任齐相，杨可的告缗法遍行天下，
中产以上的人家大多都被告发。杜周审理
这些案子，很少有能翻案的。又分别派遣
御史和廷尉正、监分批前往，去审理各
郡国隐瞒钱财的告缗案，没收的百姓财物
数以亿计，奴婢数千万人，田产大县数百
顷，小县一百多顷，没收的宅邸也有这么
多。于是商贾中中产以上的大多破产，百

姓偷偷吃美食、穿好衣，不再积攒自己的产业，而官府有盐铁和缗钱的缘故，用度越发丰饶了。

这时朝廷把函谷关向东迁移，设置左右辅。

起初，大司农掌管盐铁官和钱币多，就设置水衡都尉，想让该职主管盐铁；等到杨可主持告缗，上林苑财物众多，于是命令水衡都尉主管上林苑。上林苑装满以后，进行扩建。这时南越想用船和汉朝作战角逐，于是大规模修建昆明池，池周楼台环绕。建造楼船，高十多丈，上面加放旗帜，很是壮观。于是天子为此有所感触，就修建了柏梁台，高数十丈。宫殿房屋的修建，由此日益华丽。

于是将缗钱事务分给各官府，而水衡、少府、大司农、太仆各自设置农官，往往是到各郡县刚刚没收的田地去耕种。那些没收的奴婢，被分配到各苑去饲养狗、马或其他禽兽，或被分给各官府。各个官府的配置越发杂乱繁多，服劳役的奴婢众多，而每年从黄河漕运而下的粮食约有四百万石，各地官府还要自行采购粮食才够。

所忠进言："世家子弟和富人有的斗鸡、赛狗、赛马，有的打猎、赌博、游戏，扰乱了平民生活。"于是惩治那些触犯法令的人，相互牵引出几千人，被称为"株送徒"。缴纳财物的人得以补授郎官，郎

甘食好衣，不事畜藏之产业，而县官有盐铁缗钱之故，用益饶矣。

益广关，置左右辅。

初，大农管盐铁官布多，置水衡，欲以主盐铁；及杨可告缗钱，上林财物众，乃令水衡主上林。上林既充满，益广。是时越欲与汉用船战逐，乃大修昆明池，列观环之。治楼船，高十余丈，旗帜加其上，甚壮。于是天子感之，乃作柏梁台，高数十丈。宫室之修，由此日丽。

乃分缗钱诸官，而水衡、少府、大农、太仆各置农官，往往即郡县比没入田田之。其没入奴婢，分诸苑养狗马禽兽，及与诸官。诸官益杂置多，徒奴婢众，而下河漕度四百万石，及官自籴乃足。

所忠言："世家子弟富人或斗鸡走狗马，弋猎博戏，乱齐民。"乃征诸犯令，相引数千人，命曰"株送徒"。入财者得补郎，郎选衰矣。

官选拔制度就此衰落了。

是时山东被河灾，及岁不登数年，人或相食，方一二千里。天子怜之，诏曰："江南火耕水耨，令饥民得流就食江淮间，欲留，留处。"遣使冠盖相属于道，护之，下巴蜀粟以振之。

这时崤山以东地区遭受黄河水灾，接连几年歉收，有的地方人吃人，灾害殃及方圆一二千里。天子怜悯他们，下诏说："江南以火烧草为肥耕种，灌溉以水淹草使苗生长，让饥民到江淮一带寻找吃的，想留在那儿的，就留下来定居。"派遣的使者在路上络绎不绝，护送灾民，又运巴蜀的粮食来赈济灾民。

其明年，天子始巡郡国。东度河，河东守不意行至，不辨，自杀。行西逾陇，陇西守以行往卒，天子从官不得食，陇西守自杀。于是上北出萧关，从数万骑，猎新秦中，以勒边兵而归。新秦中或千里无亭徼，于是诛北地太守以下，而令民得畜牧边县，官假马母，三岁而归，及息什一；以除告缗，用充仞新秦中。

第二年，天子开始巡行郡国。东渡黄河，河东太守没想到天子会来到这里，供应不完善，畏罪自杀了。天子西行越过陇山，陇西太守因天子车驾仓促之间到来，没能使天子的从官吃上饭，陇西太守自杀。于是皇上又北出萧关，带着数万人马，在新秦中狩猎，并且慰劳边防军队，然后回到京师。新秦中有的地方千里之内没有设置岗哨，于是诛杀了北地太守以下的官员，而允许百姓到边境的县区畜牧，官府借给百姓母马，三年后归还时收取十分之一的利息；废除告缗令，以此吸引民众充实新秦中。

既得宝鼎，立后土、太一祠，公卿议封禅事。而天下郡国皆豫治道桥，缮故宫，及当驰道县，县治官储，设供具，而望以待幸。

得到宝鼎之后，设立了后土、泰一祠，公卿商议封禅之事，而天下郡国都预先修桥铺路，修缮原有宫殿，以及驰道所经之县，各县修建官库储存物资，设置好供给的用具，而盼望着天子驾临。

其明年，南越反，西羌侵

第二年，南越反叛，西羌侵犯边境逞

凶。这时候天子因为关东地区缺粮，赦免天下囚徒，让他们跟随南方楼船士卒二十多万人攻打南越，征发三河以西的骑兵数万人出击西羌，又征召数万人渡过黄河修筑令居。

开始设置张掖郡、酒泉郡。而在上郡、朔方、西河、河西设置田官，让边境士卒六十万人在那里戍守耕田。内郡修缮道路馈运粮食，远的三千里，近的一千多里，都仰仗大司农供给。边境武器不足，就调发武库和工官的兵器给他们。战车和战马匮乏，当地官府钱少，难以买到马匹，就颁布法令，命令封君以下至三百石以上的官吏，按等级高低献出母马；天下的各驿亭都养有育驹的母马，政府每年征收小马。

齐相卜式上书说："我听说人主有忧是做臣子的耻辱。南越反叛，我们父子二人希望能与齐国熟悉驾船的人战死南越。"天子下诏说："卜式虽然耕田放牧，但不以此牟利，有了盈余就资助官府。如今天下不幸有了危急之事，而卜式奋勇请求父子死战疆场，虽然没参战，但可以说心中的大义已经表现出来了。赐爵关内侯，金六十斤，田地十顷。"布告天下，但天下没有人响应。列侯数以百计，没有人请求从军攻打羌、越。到酎祭宗庙时，少府检查酎金，而列侯因酎金质量不合格而失去侯位的有一百多人。又任命卜式为御史

边为桀。于是天子为山东不赡，赦天下，因南方船卒二十余万人击南越，数万人发三河以西骑击西羌，又数万人度河筑令居。

初置张掖、酒泉郡，而上郡、朔方、西河、河西开田官，斥塞卒六十万人戍田之。中国缮道馈粮，远者三千，近者千余里，皆仰给大农。边兵不足，乃发武库工官兵器以赡之。车骑马乏绝，县官钱少，买马难得，乃著令，令封君以下至三百石以上吏，以差出牝马天下亭，亭有畜牸马，岁课息。

齐相卜式上书曰："臣闻主忧臣辱。南越反，臣愿父子与齐习船者往死之。"天子下诏曰："卜式虽躬耕牧，不以为利，有余辄助县官之用。今天下不幸有急，而式奋愿父子死之，虽未战，可谓义形于内。赐爵关内侯，金六十斤，田十顷。"布告天下，天下莫应。列侯以百数，皆莫求从军击羌、越。至酎，少府省金，而列侯坐酎金失侯者百余人。乃拜式为御史大夫。

式既在位，见郡国多不便县官作盐铁，铁器苦恶，贾贵，或强令民卖买之。而船有算，商者少，物贵，乃因孔仅言船算事。上由是不悦卜式。

汉连兵三岁，诛羌，灭南越，番禺以西至蜀南者置初郡十七，且以其故俗治，毋赋税。南阳、汉中以往郡，各以地比给初郡吏卒奉食币物、传车马被具。而初郡时时小反，杀吏，汉发南方吏卒往诛之，间岁万余人，费皆仰给大农。大农以均输调盐铁助赋，故能赡之。然兵所过县，为以訾给毋乏而已，不敢言擅赋法矣。

其明年，元封元年，卜式贬秩为太子太傅。而桑弘羊为治粟都尉，领大农，尽代仅管天下盐铁。弘羊以诸官各自市，相与争，物故腾跃，而天下赋输或不偿其僦费，乃请置大农部丞数十人，分部主郡国，各往往县置均输盐铁官，令远方各以其物贵时商贾所转贩者为

大夫。

卜式在官时期，见到很多郡国反映官府经营盐铁不方便，铁器质量差，价格贵，有的地方还强迫百姓买卖铁器。而船有算赋，经商的少，物价昂贵，于是请孔仅上言船只算赋之事。皇上便因此不喜欢卜式。

汉朝连续三年用兵，征讨西羌，灭掉南越，番禺以西到蜀地以南地区初次设置十七个郡，并且按照他们原有的风俗治理，不收赋税。南阳、汉中以外的郡，各自承担与自己毗邻的新设郡中吏卒的薪俸、粮食和钱物，以及传车、马匹和被服等用具。而新设的郡时常有小规模的叛乱，造反者诛杀官吏，汉朝征发南方吏卒前去诛灭他们，每年派一万多人前往，费用都仰仗大司农供给。大司农以均输官及盐铁的收入来帮着增加赋税所得，所以能够满足供应。然而军队所经过的县，只有尽量供给不使匮乏罢了，不敢奢谈遵守赋税成法了。

第二年，元封元年，卜式被贬为太子太傅。而桑弘羊任治粟都尉，兼领大司农令，完全取代孔仅管理天下盐铁。桑弘羊让各地官员自己做买卖，相互竞争，所以物价飞涨，而天下所缴赋税有的还不够偿还运输的费用，于是请求设置大司农部丞官数十人，分部主管各郡国事务，各县设置均输官和盐铁官，命令远方地区各按自己物价贵时商人所转运贩卖的物品为赋税，

而由均输官互相转输。在京城设置平准机构，接受各地运来的货物。召令工官制造车子和各种器具，都仰仗大司农供给。大司农属下的各官完全垄断天下货物，物贵时卖出，物贱时买进。这样富商大贾无从牟取大利，就会返身从事农业，而万物都不会严重涨价。这样可以抑制天下的物价，所以这一措施称为"平准"。天子认为桑弘羊说得对，答应了他的请求。

这时候天子向北到达朔方，向东到达泰山，巡行海上，经过北方边境后返回。所过之地都有赏赐，行程中用帛一百多万匹，钱、金以亿计算，这些费用都取自大司农。

桑弘羊又请求让吏胥得以缴纳粮食补官，以及罪人得以纳粮赎罪。让能向甘泉宫按身份等级缴纳粮食的百姓，免除终身赋役，不受告缗令的影响。其他郡都向急需之处缴纳，而各处农官都各自纳粮，崤山以东地区漕运每年增加六百万石粮食。一年之中，太仓、甘泉仓都装满了，边境有剩余的粮食。各种物品通过均输获得帛五百万匹。百姓没有增加赋税而天下用度丰饶。于是赐桑弘羊爵左庶长，黄金二百斤。

这年有小的旱灾，皇上命令官员求雨。卜式进言说："官府应当以租税为衣食而已，如今桑弘羊命令官吏坐在市肆行列之中，贩卖货物求利。只有烹了桑弘羊，天

赋，而相灌输。置平准于京师，都受天下委输。召工官治车诸器，皆仰给大农。大农之诸官尽笼天下之货物，贵即卖之，贱则买之。如此，富商大贾无所牟大利，则反本，而万物不得腾踊。故抑天下物，名曰"平准"。天子以为然，许之。

于是天子北至朔方，东到太山，巡海上，并北边以归。所过赏赐，用帛百余万匹，钱金以巨万计，皆取足大农。

弘羊又请令吏得入粟补官，及罪人赎罪。令民能入粟甘泉各有差，以复终身，不告缗。他郡各输急处，而诸农各致粟，山东漕益岁六百万石。一岁之中，太仓、甘泉仓满，边余谷诸物均输帛五百万匹。民不益赋而天下用饶。于是弘羊赐爵左庶长，黄金再百斤焉。

是岁小旱，上令官求雨。卜式言曰："县官当食租衣税而已，今弘羊令吏坐市列肆，贩物求利。亨弘羊，天乃雨。"

才会下雨。"

太史公曰：农工商交易之路通，而龟贝金钱刀布之币兴焉。所从来久远，自高辛氏之前尚矣，靡得而记云。故《书》道唐、虞之际，《诗》述殷、周之世，安宁则长庠序，先本绌末，以礼义防于利，事变多故而亦反是。是以物盛则衰，时极而转，一质一文，终始之变也。

《禹贡》九州，各因其土地所宜，人民所多少而纳职焉。汤、武承弊易变，使民不倦，各兢兢所以为治，而稍陵迟衰微。齐桓公用管仲之谋，通轻重之权，徼山海之业，以朝诸侯，用区区之齐显成霸名。魏用李克，尽地力，为强君。自是之后，天下争于战国，贵诈力而贱仁义，先富有而后推让。故庶人之富者或累巨万，而贫者或不厌糟糠；有国强者或并群小以臣诸侯，而弱国或绝祀而灭世。以至于秦，卒并海内。

太史公说：农工商相互贸易的路子通后，龟、贝、金、钱、刀、布等货币就兴起了。这是由来已久的事。高辛氏以前的年代太久远了，没有什么可记载的内容。所以《书》讲述唐虞之际的事，《诗》讲述殷周时期的事，天下安宁就重视学校教育，重本抑末，以礼义防范贪利；世事多变时情况就会与此相反。所以事物达到鼎盛就会衰败，世事达到极点就会转变，一时质朴，一时文饰，是周而复始的变化。

《禹贡》中的九州，各根据自己土地所适宜种植的作物、人民所得多少来缴纳贡赋。商汤、周武承前朝敝政后加以改易，使百姓不至于疲倦，各自兢兢业业致力于所从事的生产，而后稍微迟缓便衰微了。齐桓公采用管仲的谋略，控制钱币的轻重，收缴山海的盐铁产业，从而会盟诸侯，利用区区齐国成就了霸主的威名。魏文侯任用李克，充分利用地力，成为强国之君。从此以后，天下在争斗中进入战国，看重狡诈武力而轻视仁义道德，崇尚富有，轻视推让。所以百姓中的富人有的积财上亿，而贫穷的人有的连吃糟糠都吃不饱；有的强大的诸侯国吞并各小国而使诸侯称臣，而有的弱国却断绝祭祀甚而被灭亡。直到秦国，终于统一海内。

虞、夏时的货币，金分为三品：有黄金，有白金，有赤金；此外有的用钱，有的用布，有的用刀，有的用龟贝。直到秦朝，整合一国货币分为二等，黄金以镒为单位，为上等货币；铜钱上的文字为"半两"，重量与文字相同，为下等货币。而珠玉、龟贝、银锡之类作为器物、装饰及宝藏，不作为货币。然而它们各随着时代的变化而轻重无常。当时对外攘除夷狄，对内兴建功业，天下百姓尽力耕作也不够供给粮饷，女子纺织也不足以提供衣服。古时曾竭尽天下的资财来供奉他们的天子，天子自己还以为不够使用。没有别的缘故，事物趋势的流变，是相互激荡造成的，有什么可奇怪的呢？

虞夏之币，金为三品，或黄，或白，或赤；或钱，或布，或刀，或龟贝。及至秦，中一国之币为二等，黄金以溢名，为上币；铜钱识曰"半两"，重如其文，为下币。而珠玉、龟贝、银锡之属为器饰宝藏，不为币。然各随时而轻重无常。于是外攘夷狄，内兴功业，海内之士力耕不足粮饷，女子纺绩不足衣服。古者尝竭天下之资财以奉其上，犹自以为不足也。无异故云，事势之流，相激使然，曷足怪焉！